그리고 나를 읽었다

이명지의
나를 사로잡은 문장

그리고 나를 읽었다

연암서가

그리고 나를 읽었다

책을 읽는 일은 누군가의 삶을 잠시 빌려 걷는 일이다. 그 속엔 기쁨도 있고, 슬픔도 있으며, 까닭 모를 울림도 있다. 나보다 먼저 무엇을 알아채고, 내 안의 상처를 어루만졌던 문장들. 그 만남이 깊을 때 그냥 거기 걸음을 멈추고 오래 서성거렸다.

《데일리한국》에 '나를 사로잡은 문장' 연재를 시작하고부터 나는 조금씩 달라졌다. 문장을 붙들고 곱씹으며, 사람을 읽고 인생을 읽었다. 그리고 나를 읽었다. 누군가의 문장에서 나를 만났고, 나를 읽을 수 없는 문장은 오래 남지 않았다. 이 책은 단지 문장에 관한 이야기가 아니다. 사람에 관한 이야기며 나 자신을 알아가는 여정이었다.

1년 3개월, 이 여정은 고독했지만 외롭지 않았다. 아니 행복했다. 내게 말을 걸고 기댈 수 있는 좋은 문장들이 있었고, 함께 울고 웃으며 마음을 건네준 독자들이 있었다. 덕분에 신명을 얻었다. 읽고 쓰는 일이 내 삶의 중심이 되어간다는 걸 알아차리기에 부족하지 않았고, 그게 정말 좋았다.

　한 권의 책으로 묶으며 다시 생각한다. 글은 작가 혼자 쓰는 것이 아니라는 걸. 내 글이 누군가의 가슴에 가 닿아 무엇이 될 때 완성된다는 것을. 내게 노벨문학상 수상자를 선정할 기회를 준다면 나는 한 치 망설임 없이 세상의 많은 책과 작가를 있게 한 '독자들'에게 드리겠다. 따뜻하게, 혹은 냉철한 시선으로 읽어주신 독자들께 마음 깊이 감사드린다. 이 책이 또 하나의 문장이 되어 누군가의 가슴에 말을 걸 수 있기를 소망해 본다. 지면을 할애해 주신 《데일리한국》과, 책으로 묶어주신 연암서가에 감사드린다.

2025년 가을
수풍재에서
이명지

차 례

1부

비뚤어져도
괜찮은 나이

육십은 비뚤어져도 괜찮은 나이

에라, 더는 못 해 먹겠다. 그렇다. 마흔은 한창 비뚤어질 나이다. 그런 이유로 나는 결심했다. 이제부터 열심히 살지 않겠다고!

"야매 득도 에세이"라는 부제를 달고 있는 책에서 이 문장을 읽다가 발칙한 젊은이들에게도 배울 게 많구나 하는 생각이 들었다. 나도 야매 득도일지 모르겠다. 생각해 보니 육십 대도 한창 비뚤어질 나이다. 아니 '비뚤어져도 괜찮은' 나이다. 여태까지 열심히 살아왔으니 좀 비뚤어진들 누가 뭐랄까. 나는 이제부터 비뚤어질 테다! 새끼들도 다 독립해 제 몫을 하고, 거둬야 할 책임과 의무도 다했고 이제 나만 잘하면 되는데, 하마터면 계속 열심히 살 뻔했잖아!

"이게 열심히 사는 사람을 모욕하고 싶은 게 아니라 단지 자신에게 기회를 주고 싶을 뿐"이라고 그는 말한다. 또 "이 선택이 어떤 결과를 가져올지 알 수 없지만 망해봐야 고작

다시 열심히 살겠지 뭐." 한다. 전적으로 동감이다. 나도 내게 저지르는 기회를 주고 싶은 것이다.

이런 그에게 사람들은 열광했다. 나오자마자 초판 28쇄를 찍은 것을 보면 사람들이 많이 지쳐 있었나 보다. 자신이 하지 못하는 것을 대신 실행해 준 용기에 대한 찬사나 부러움이 아닐까.

'아, 나는 좀 더 저질렀어야 했다. 망하더라도 말이다. 인생은 후회로 가득하다. 내일이 되면 또 오늘을 후회하고 있을지 모른다."

페이지마다 주옥같은 문장이 나의 폐부를 찔렀다. 육십대가 이토록 고개를 끄덕이게 되는 걸 작가는 사십에 알았다고? 실천했다고? 우리 아이들을 이해하는 데도 큰 깨달음이 됐다. 치열하게 살았던 내 사십 대를 생각하면 지금 아이들의 모습이 뭔가 마뜩잖은 데가 없지 않았다. 잠시도 한눈팔 새 없이 일하며 공부하며 뛰었던 그 시절, 어미가 제 성취에 온 관심이 쏠려있는 동안 우리 아이들은 얼마나 헛헛했을까? 같이 산 남자는 또 얼마나 외로웠을까….

열심히 산 것도, 열심히 살지 않는 것도 어느 게 옳고 그르다고 말할 수는 없다. 인생에 정답이 어디 있을까. 달려왔든, 걸어왔든 모두 지금의 자리에 다다랐다. 그 자리가 지금까지 살아온 절대 결과치는 아니다. 인생은 상대 평가다. 그 대상에 따라 자신의 행, 불행을 스스로 매길 뿐. 누구는 좀 더 행운이 따랐고 누구는 그렇지 못했을 수는 있지만, 여기까지 온 그 자체만으로도 성공한 인생이 아닐까. 어떤 인생도 의미 없는 생은 없다.

후회는 앞으로 가야 할 길을 알려준다. 내가 가는 길이 맞느냐 틀리냐보다, 무엇을 위해 살아야겠다 보다 행복한가 아닌가를 가늠하는 방향타가 되어준다. 후회의 쓸모다.

나는 요즘 우리 아이들에게 매일 사랑한다고 말하거나 '하트 뿅뿅' 이모티콘이라도 보낸다. '일일 일 사랑한다 말하기'로 작정하고 실천 중인데, 느닷없는 애정 공세에 아이들이 어리둥절해 한다. 그건 바삐 살아온 어미가 그때 놓친 말을 지금에야 하는 깨알 속죄라는 걸 알까?

나는 좀 비뚤어지기로 했다. 아직도 못 벗은, '열심히'라는 관성을 벗고 안 하던 짓을 '열심히' 해 보려 한다. 아, 근데 이놈의 '열심히'는 왜 자꾸 따라다니는지 모르겠다.

하완 에세이집
『하마터면 열심히 살 뻔했다』 중에서_웅진지식하우스

비가 개자 화단 꽃들 색이 희멀겋다. 키 작은 빨간 백일홍은 소갈머리가 허옇게 바랬고, 장미도 낯빛이 묽다. 꽃도 빗물에 색이 묽어지나 보다. 며칠째 비에 시달린 꽃들이 고개를 떨어트린 채 풀 죽어 있다. 사랑도 넘치면 폭력이 되나 보다.

비 온 뒤 바로 딴 과일은 싱겁다. 단물이 비에 씻겨 밍밍해진다. 그래서 과일을 수확할 때는 반드시 비 그친 뒤 하루 이틀 바짝 볕에 맛을 들이고 나서야 딴다. 해서, 과수원집 아이들은 비 온 뒤 과일에는 손도 안 댄다. 나는 지금도 그 습관이 있어 장마철에는 노지 과일을 사지 않는다. 과수원집 안주인이었던 우리 엄마는 비 온 뒤 과일 맛을 "니 맛도 내 맛도 없다"고 했다. 과일이나 사람이나 물 빠지면 똑같다고 했다. '니 맛'은 뭐고 '내 맛'은 또 어떤 맛일까?

나이가 드니 좋아하는 색깔 취향도 바뀐다. 예전에 유치하다고 여겼던 강렬한 색들에 자꾸 눈이 간다. 옷장에 꽃분

13

홍과 보라색이 늘고 손가방과 구두에도 원색이 섞여간다. 예전엔 알록달록해지는 엄마 옷이 못마땅했는데, 언젠가부터는 언니들 옷이 그렇더니 지금은 내 옷장이 똑 닮아가고 있다. 나이가 들면 왜 원색이 좋아질까? 비 맞은 과일처럼 니맛 내맛도 없어져서 안간힘을 쓰는 걸까?

언젠가 문우들과 이에 관해 이야기를 나눈 적이 있다. 어떤 이는 시력이 약해지니 더 또렷하게 보이는 원색이 좋아진다고 했고, 어떤 친구는 나이가 들면 물이 빠져서, 부족한 색을 채워 생기를 얻으려는 본능일 거라 했다. 물이 빠졌다는 것은 색이 바랬다는 뜻이기도 하다. 옷감을 여러 번 빨아서 색이 바래면 물이 빠졌다고 한다. 이 말에 묘한 설득력이 있었다. 그건 색깔도 바래고 수분도 부족하다는 중의적 해석이기도 하니 늙었다는 말의 다름 아니다.

나도 물이 많이 빠졌나 보다. 전원으로 이사해 집수리를 하면서 2층 서재 외벽을 핑크가 섞인 짙은 보라색으로 칠했다. 누가 유치하다 흉볼까 봐 혼자 '퍼플 하우스'라 이름 지어 은밀히 품고는 마치 애인 하나 숨긴 듯 얼마나 설레는가.

인간이 색깔을 선호하는 데는 개인적 경험, 그것도 좋은 기억으로 남은 것이 작동한다. 내가 퍼플이나 핑크가 좋을 때는 엄마가 그리울 때다. 내 그리움의 근원은 엄마의 참꽃 빛 한복이다. 엄마는 좋은 일이 있을 때마다 이 옷을 꺼내입곤 했다. 평소 무채색만 입던 엄마가 유일하게 가진 색깔 옷이었는데, 나는 엄마가 이 옷을 입었을 때 제일 예뻤고, 이 옷을 입고 내 손을 잡고 걸었을 때가 가장 행복한 기억으로 남아 있다.

색(色)이란 다른 면에서 섹슈얼리티를 연상한다. 정염에 불타는 여인을 색스럽다고 한다. 나이가 들면 빠지는 것이 컬러만이 아니다. 생기와 활력, 정염도 줄어든다. 생명을 향한 본능, 그것이 색이다. 그 색이 빠지면 니 맛도 내 맛도 없어지는 걸까?

하지만 색이 빠졌다고 다 안 좋은 것은 아니다. "늙으니 좋다. 두고 갈 것만 남아서 좋다"고 한 박경리 선생의 말씀이 아니라도 적당히 물이 빠지고 편안해진 지금이 나도 좋다.

벌 나비가 윙윙대던 시절을 지나 외진 골짜기에 홀로 핀 나리꽃같이 한갓진 지금이 좋다. 단맛 쓴맛 다 우려낸 말간 가슴으로 평상에 앉아 간혹 들려오는 풍경소리 들으며 사는 지금의 '내 맛'이 그 어떤 '니 맛'도 부럽지 않다. 갈증도 목마름도 잊은 채 고요히 흘러가는 시간 속에서, 나는 비로소 내가 누구인지 알 것 같다. 물이 빠진 자리에 고인 것은 텅 빈

허전함이 아니라, 오히려 더 짙어진 나만의 향기가 배었다는 것을 알게 되었다고나 할까.

더는 햇볕에 단맛이 고이지 않는다 해도 서러운 마음은 들지 않지만, 그래도 비 오는 날 우산은 꼭 받고 다녀야겠다. 손톱만치 남은 나의 색이 빗물에 마저 씻겨나가지 않도록….

우리 모친 김수출 여사 어록 중에서

16

모진 세월 가고
아아 편안하다 늙어서 이리 편안한 것을
버리고 갈 것만 남아서 참 홀가분하다

　박경리 선생의 이 시구를 읽으며 나도 모르게 고개를 끄덕였다. "책상 하나 원고지, 펜 하나가 나를 지탱해 주었고"라는 구절에서 가슴이 뜨거워졌다. 글쓰기가 생업이 아니라 생명줄이었던 그 절박함이 고스란히 전해졌기 때문이다.
　나도 그런 밤들을 견뎌왔다. 원고 마감에 쫓겨 밤새워 키보드를 두드리던 밤, 아무도 내 글을 읽어주지 않을까 봐 두려웠던 밤, 내가 과연 글 쓰는 사람이 맞나 싶어 회의에 빠졌던 밤들. 그때마다 나를 지탱해 준 것은 정말 책상 하나, 컴퓨터 하나, 그리고 써야 한다는 마음 하나뿐이었다.

　나는, 언제 두려운가?

언제 외로운가?

언제 평화로운가?

무엇이 나를 살아가게 하는가?

무엇이 나를 일으키는가?

무엇이 나를 나답게 하는가?

나는 애써 겸손한 체를 못 한다. 감정에 솔직한 편이다. 그래서 때로 건방지고 당돌하다는 얘기도 듣지만 기본은 지키려 애쓴다. 삶의 품격을 유지하는 데 필요한 최소한의 기본, 신에 대한 예의, 인간에 대한 예의, 세상에 대한 예의….

그런 기본을 지킬 수 없을까 봐 두렵고, 못 지켰을 때 한없이 외로웠던 것 같다. 강의에서 퇴고의 중요성을 말하면서도 정작 내 삶은 제대로 퇴고하지 못한 것 같아 부끄러울 때가 있다. 수필에서는 진정성이 생명이라고 말하면서 정작 나 자신에게는 솔직하지 못했던 순간들 말이다.

그것을 지켜가고 있다고 느낄 때 평화롭다. 나를 살아가게 하는 힘도, 다시 일으키는 동력도 그것이다. 무엇보다 내 욕망과 욕구에 솔직할 때 가장 나답고 편안하다. 나를 사는 것 같다. 그것은 내 생에 대한 예의이며, 내 생을 사랑하는 방식이다.

‘무위자연(無爲自然), 억지로 하지 말고 자연스럽게’라는 노자의 말은 나의 신앙과 같다. 앞만 보고 달렸던 젊은 날에는 그 말이 게으름의 핑계처럼 들렸다. 열심히 살아야 한다는 강박, 그렇게 살 수밖에 없었던 삶이기도 했다. 이제는 안다. 무위자연이란 게으름이 아니라 진정한 자기다움을 찾는 것이라는 걸. 천천히 걸으며 살아도 되는 지금은 바삐 살았던 그 시절의 보상 같다.

글을 쓸 때 가장 나답다. 세상의 시선도, 나이의 무게도, 역할의 부담도 모두 내려놓고 오직 나 자신과 마주하는 시간. 내가 가장 자유롭고 진실해지는 시간이다.

인생을 치열하게 살아낸 사람만이 누릴 수 있는 그것, 늙어갈 수 있어서 좋다. 젊어서는 몰랐던 이 평화로움이 얼마나 소중한지. 마치 오랜 여행을 마치고 집에 당도한 것 같은 안도감이랄까.

박경리 시 「옛날의 그 집」
나희덕 『유리병 편지』에 수록 _ 나라말

우리는 서로 경쟁하지 않았어요. 오늘 밤 제가 여기에 서 있는 것은 저에게 약간의 행운이 있어서입니다. 아마, 조금 더 운이 좋았나 봐요. (…) 열심히 일하게 만든 두 아들에게도 감사를 전한다. 이게 바로 엄마가 열심히 일한 결과야!

'한국산문문학상'을 받았다. 수상 소감을 쓰다가 윤여정 배우의 소감이 떠올랐다. 그녀는 오스카상 시상식에서 "우리는 경쟁한 게 아니라 자신이 조금 더 운이 좋았나 보다"고 말했다.

나도 그랬다. 상이란 운이 많이 작용한다고 믿는다. 그 많은 훌륭한 작가들과 경쟁한 것이 아니라 그저 운이 조금 더 좋았을 뿐이다. 문학을 어떻게 절댓값의 잣대로 평가할 수 있겠는가.

그녀는 자신을 열심히 일하게 만든 두 아들에게도 감사

한다고 말했다. "이게 바로 엄마가 열심히 일한 결과야!"라며 트로피를 치켜들었다. 혼자 두 아들을 키우며 역할을 가리지 않고 열심히 일해 온, 인고의 세월이 고스란히 느껴지는 그 말이 나는 참 아팠다.

미당 서정주는 자신을 키운 건 팔 할이 바람이라 했다. 그녀와 크게 다르지 않은 내 삶을 돌아보니, 나를 버티게 한 건 팔 할이 우리 아이들이었고, 나를 성장 시킨 건 온전히 문학이었다는 생각이 든다.

살다 보면 바구니에 담긴 채 강물에 떠내려오는 아기 바구니를 받아 안을 때가 있다. 문학은 내게 비껴갈 수 없는 숙명 같은 아기 바구니다. 육아는 고통도 따르지만 조금 전에 무엇으로 힘들었는지 금세 잊을 만큼 해사한 아기 웃음소리도 있다. 수상의 소식은 그 웃음소리 같다. 글이, 일용할 밥도 술도 되지 않을 때가 더 많지만, 마침표를 찍을 때의 그 짜릿함으로 기꺼이 고뇌의 숲을 걷고 헤매고 몸부림친다.

"우리는 올리브 열매와 흡사해서, 짓눌리고 쥐어짜인 뒤에야 최상의 자신을 내어놓는다"는 탈무드 구절이 있다. 작가의 삶이 이와 같다고 생각한다. 운 좋게도 운전하다가, 산책하다가 얻어걸리는 영감이 있다. 그러나 이게 어찌 공짜로 얻어진 것이랴. 온종일 쉼 없이 가동되고 있는 올리브 공장의 결과가 아니겠는가.

작가에게 경험은 모두가 자산이다. 추억의 곳간에 차곡차곡 쌓이면 부끄럽고 아픈 것들도 발효되고 정제되어 알곡이 된다. 거기서 길어 올리는 기억들은 부드럽다. 마치 올리브기름처럼….

숙명 같은 아기 바구니를 받아 안았지만, 무엇을 위해 달리지도, 허명을 좇지도 않는, 그저 가슴이 원하는 길로 자박자박 걸어도 되는 지금이 내겐 보상 같다. 한순간도 감사하지 않은 날이 없다.

지켜야 할 것이 있는 사람은 강하다. 그것이 어미가 새끼를 지키는 일일 때는 천하무적이 된다. 돌아보니 그 지켜야 할 것들이 결국 나를 지켜왔다는 생각이 든다. 나는 그것을 성장이라 믿는다. 운이 좋았다.

배우 윤여정, 영화 <미나리>
2021년 오스카상 여우조연상 수상 소감 중에서

22

이게 웬일인가. 지난주 죽었다고 생각했던 나무에 진
분홍빛 꽃들이 피어나 있지 않은가. 죽은 게 아니었어! 저
절로 탄성이 나왔다. 그땐 꽃이 피기 전이었던 거야!

한혜경 에세이 「숨은 꽃」에 나오는 문장이다.

나는 기다리는 걸, 기다려주는 걸 잘하지 못한다. 지레짐
작하고 단정 짓고 돌아서기 일쑤다. 발걸음도 빨라 누구와
나란히 걷는 것도 잘하지 못한다. 같이 걸었는가 싶은데 내
생각에 빠져 걷다 보면 어느새 저만치 떨어져 걷고 있는 동
행들을 보며 미안한 마음이 든 때가 한두 번이 아니다.

사람의 감정에도 속도가 있다. 어떤 사람은 즉각 나타나
고 어떤 이는 아주 천천히 드러난다. 천천히 피는 꽃도 있고,
반짝 피었다 금세 시드는 꽃도 있다. 기다릴 줄 아는 것도 인
품이 아닐까 싶다. 끝내 안 피는 꽃은 없다. 그건 꽃이 아니라
잎일 뿐.

"계절에 맞춰, 피어날 시간에 맞춰 필 뿐인데, 잘 모르는 인간이 미리 와서는 죽었네, 꽃이 안 피네, 지레짐작하는 일들은 얼마나 많을까."

한혜경의 글을 읽으며 또 한 사람의 글이 생각났다.

"여섯 살이 되어서야 말을 시작한 아이는 모든 것이 다 느렸다. 걸음마도 18개월에 겨우 시작했고, 또래들은 온갖 말을 재잘거릴 때도 입술을 꼭 다문 아이가 애간장을 녹였다."

두 돌이 지나도 말을 하지 못하고 힘들면 울기만 하는 아이를 달랠 방도는 그저 가만히 끌어안고 젖을 물리는 방법밖에 없었다는 어미의 심정이 어땠을까. 수필가 김영옥의 글에 나오는 대목이다. 그녀는 내 여고 동창이다. 우리는 여고 시절 문예반에서 함께 활동하며 교내 백일장에서 장원과 차상을 번갈아 하던 문학소녀였었다.

졸업 후 각자의 삶에 열중하느라 30여 년이나 만나지 못하다가 어느 날 다른 친구의 아들 결혼식장에서 다시 만났다. 나는 당연히 그녀도 글을 쓰고 있을 줄 알았다. 뜻밖에 그녀는 모든 꿈을 접고 '좋은 엄마'가 되는 길을 선택했노라고 당당하게 말했다. 그때는 그게 무슨 뜻인지 알지 못했다. 한 아이를 꽃피우기 위해 그녀가 했을 그 처절하고 지난한 어미의 역할을….

나는 친구의 재능이 너무 안타까워 적극 문학의 길로 이끌었다. 극구 사양하는 친구를 삼고초려의 마음으로 수년간 설득해 드디어 등단했고, 그 작품이 「철들기」이다.

"늦게 자란 이 꽃은 열심히 피어 이제 제 맡은 분야를 톡톡히 해내는 사회의 일원이 되었다. 제때 피지 못해 저희들은 또 얼마나 힘든 시간을 견뎠으리.

장미가 아니어도, 무궁화가 아니어도 늦게라도 열심히 제 몫을 다하는 저 꽃들이 내게는 무한히 소중하고 자랑스럽다."

그녀는 문인으로는 늦게 피었지만, 엄마로서는 활짝 핀 꽃이었다. 자신의 꿈을 접고 '좋은 엄마'의 꿈을 유감없이 이룬 친구를 나는 존경한다. 이제 그녀가 글 밭에서도 유감없이 꽃을 피우리라는 것을 나는 믿어 의심치 않는다. 그래서 지켜보며 설레고 있다.

"짐작일 뿐인데 사실이라고 우기는 것들은 또 얼마나 많을지…."

한혜경의 글은 나를 돌아보게 한다. 먼저 걸었다고 경중 거린 것은 없는지, 웃자라 교만한 마음은 없는지…. '시간의 걸음'을 멈추고, 함께 걷는 친구들을 기다려야겠다. 어딘가에서 풀꽃 향기가 솔솔바람에 실려 온다.

한혜경 에세이집
『시간의 걸음』「숨은 꽃」중에서 _ 글터

남자 바꾸는 것만큼 용기 내는 일

향수를 바꿨다. 20여 년간 쓰던 향수를 다른 것으로 바꿨다. 이건 내게 남자를 바꾸는 것만큼이나 용기를 내는 일이었다. 낯선 향기는 부드럽고 달큼했지만, 몸에 맞지 않는 속옷처럼 수시로 의식되곤 했다. 하지만 약간의 낯선 설렘도 나쁘지 않다.

나는 혼자 집에 있을 때도 단정하게 차려입고 향수를 뿌린다. 내가 맞은 오늘 하루에 대한 예의며, 감사한 하루를 보내겠다는 나만의 의식이다. 향기에도 색깔이 있다. 내 모습은 내가 제일 많이 마주한다. 내 색깔이 마음에 드는 날은 일도 잘되고 하루가 즐겁다.

영상으로 강의를 할 때도 향수 뿌리는 걸 잊지 않는다. 아무도 모른다고 해도 내가 향기를 지녔다는 건 내게 중요하다. 향기가 내 표정에 묻어나 나의 자세가 되고 미소가 되고 어느 순간 나의 빛깔이 될 것이다. 첨단 디지털 기기 너머로 향기가 전달되지 않는다고 누가 말할 수 있을까.

요시다 슈이치의 소설 『7월 24일 거리』에는 사람을 색에 비유하는 청년이 나온다. 화가이며 백화점 경비원으로도 일하는 그는 한자리에 서서 근무하는 무료함을 이기려고 지나가는 사람들을 색깔에 비유하는 버릇이 있다.

　　"저 사람은 탁한 하양이로군. 저 사람은 눈부신 노랑이야."
　　그런 청년에게 소설 속 화자는 자신의 색이 무어냐고 묻는다.
　　"안 보여요."
　　그녀에겐 색깔이 안 보인다고 말한다.

　　"온 거리에서 빛이란 빛은 모두 사라지고 말았다.
　　'정말 굉장하다.'
　　'이렇게 아름다웠단 말이지, 이 도시가.'
　　늘 칙칙한 도시였다.
　　그런데 모든 색을 걷어내고 나니, 이렇게 아름답게 보인다."

　이들은 갑자기 정전된 도시를 옥상에서 내려다보며 "모

든 색을 걷어내고 나니, 이렇게 아름답게 보인다"고 말한다.

색깔이 없다는 것도 색깔이다. 반드시 무슨 색이어야 할 필요는 없지 않을까.

나는 내 색깔이 무엇이라 규정하지 않는다. 굳이 애써 색깔을 만들고 싶지도 않다. 백지에 수채화로 그려진 풍경 같은 하루면 감사하겠다.

나이가 들면 보수적이 된다. 굳어가는 것은 육체만이 아니다. 생각의 감각과 유연성도 떨어진다. 요즘 개인 운동 지도를 받고 있는데, 굳고 뭉치고 퇴화한 근육들을 펴고 늘리고 강화하는 데 주로 시간을 들인다. 몸은 운동으로 유연성을 단련하는데 정신은 무엇으로 연마해야 하나 고심하다 '낯선 것에 도전해 보기' 리스트를 짰다. 그 첫 번째가 향수 바꾸기였다. 낯선 곳에 가보기, 낯선 장르 영화 보기, 낯선 취향 책 읽기, 낯선 장소에서 춤춰 보기, 낯설게 생각하기….

이렇게 '안 하던 짓 해 보기'를 떠올리니 뜻밖에 그동안 내가 어떤 것에 고착되어 있었는지가 보였다. 옳다고 여긴 것, 좋다 싫다고 여긴 것들이 얼마나 나의 주관적 아집이었나 싶은 생각도 들었다. 어쩌면 인생은 내 생각을 남에게 강요하는 고집쟁이의 여정이 아닐까? 판단하는 자체가 강요는 아닐까? 그것이 집단이 되면 폭력이 되기도 하겠구나. 생각이 확장되니 무언가 불편해진다. 불편함은 원래의 편안함에 안주하고 싶은 강력한 원형 복원력에 이끌린다. 무엇이 답인가….

우리 집 7월 화단은 하루도 같은 얼굴을 한 날이 없다. 매일 다른 이야기를 향기로, 빛깔로 맺는다. 우아한 귀부인이다가 금세 새초롬 가시내 같고, 까르르 장난꾸러기 같은 이야기를 들려준다. 지금 백합 향기가 가득한 마당에는 목수국이 얼마나 많은 이야기를 품었는지 커다란 송이마다 푸른 입을 가득 빼물고 섰다. 곧 시끄러워질 것 같다. 낯선 경험은 자연만 한 게 없다.

요시다 슈이치 소설, 김난주 옮김
『7월 24일 거리』 중에서 _ 재인

잠깐 멈추고 돌아보는 건 내 생에 대한 예의

어느 날부턴가 자신이 없어지기 시작했다. 강단에 서는 일이 천직처럼 즐거웠는데 가슴이 답답하고 숨이 차고 목소리가 떨려 강의하는 게 두려웠다. 심약해진 자신을 다잡아보려고 방학을 이용해 산티아고 순례길을 걸으러 스페인으로 갔다.

서로에 대해 아무것도 질문하지 않는다는 불문율을 가지고 혼자들이 모인 단체팀. 열흘간의 여정 중 내가 걸은 산티아고 데콤포스텔라 순례길은 5일간 138km였다.

목가적인 시골길을 걷다가, 빽빽한 숲길로 들어서면 여기가 스페인인지, 강원도 어느 산길인지 구분이 안 되었다. 그저 길일 뿐이다. 걷다가 갈리시아 지방의 고약한 비바람을 만나 길을 잃기도 하고, 순례객들을 위해 집 앞에 과일 바구니를 내어놓은 친절한 온정과도 만났다. 하지만 자신을 만나러 산티아고 길을 걸으러 왔는데, 나는 어디서도 만날 수가 없었다. 나는 대체 어디에 있단 말인가?

산티아고 길을 걷고 돌아왔지만 심적으로 조금도 단단해지지 않았다. 자신을 탐구하는 마음 수련원, 나를 찾아간다는 템플스테이…. 그 어떤 수련에도 나아지지 않았다. 급기야 조금이라도 뒷모습이 아름다울 때 떠나자! 결심하고 학교를 떠났다.

나는 그때 내가 심한 갱년기를 앓고 있는지를 몰랐다. 쉬는 동안 폭풍처럼 휘몰아치는 감정의 기복과 요동치는 건강의 적신호는 우울과 분노 사이를 위태롭게 오갔다. 삶의 질은 물론 인격의 품위까지 곤두박질쳤다.

어이없게도 그토록 찾아 헤맨 나는 내 안에 있었다. 내 안에 있는 나를 찾아 천지사방으로 헤매고 다녔다. 내 마음에 귀를 기울여야 했었다. 가슴의 소리를 들었어야 했다. 그랬다면 아, 나는 지금 지쳐 있구나, 마음이 아픈 거구나 하고 알아차렸을 텐데 그저 외부의 힘을 빌려 일거에 해결하려 허둥대고 다닌 거였다.

인디언들은 말을 타고 황야를 달리다가 가끔 멈춰서서 뒤를 돌아다 본다고 한다. 내 영혼이 잘 따라오고 있는지 살펴보느라고. 나는 그때 멈추지 않고 달렸다. 아니 멈출 수가 없었다. 멈추면 쓰러지는 팽이처럼 살고 있었으니….

산티아고 순례길의 일반적인 표식은 두 가지다. 하나는 조가비고 다른 하나는 노란 화살표다. (…) 자칫 길을 잃을 염려가 있을 만한 지점엔 어김없이 노란 화살표가 나타나 길을 안내한다.

인생에도 저렇게 노란 화살표가 있으면 얼마나 좋을까요?

박범신, 산문집 『순례』를 읽으면 나도 산티아고 길을 걸으며 내내 생각한 게 그거였다는 사실을 다시 깨우쳤다. 인생에도 누가 저렇게 길을 알려준다면 얼마나 좋을까하고. 오랜 시간이 흐른 뒤에야 깨닫는다. 인생이라는 순례길에서 잠깐씩 멈추고 자신을 돌아보는 건 내 생에 대한 예의라는 걸. 멈춰 서서 마음의 화살표가 가리키는 곳이 어딘지 고요히 응시하면 길은 언제나 내 안에 있었다는 걸.

박범신 산문집
『순례』「아주 오래된 행복」중에서 _ 파람북

잘 헤어져야 사랑이 익는다

오월은 이별하기 좋은 때다. 떠나려거든 오월에 떠나라. 라일락 향기에 취해 슬픔도 잊고, 저 꽃들이 질 때쯤 '잎사귀 모양이 심장인 것을' 알았을 때 그때 맘껏 울어도 좋을⋯.

헤어질 땐 허둥대지 마라. 쫓기듯 발걸음을 재촉하지 마라. 그녀가 오해한다. 잘 헤어져야 사랑이 익는다. 시간이 지나야 단맛이 숙성되듯, 헤어질 때야 너의 단맛을 알게 하라.

헤어질 땐 오래오래 손을 흔들어라. 그리움이 남아야 사랑이 달다. 돌아와 누워도 추억이 가슴으로 익는다. 슬픈 미소는 잊지 마라. 추억만으로도 그녀가 평생 버틸 수 있게⋯.

창 너머 남한강 위로 슝~ 지나간 모터보트 뒤에 줄을 놓친 사람 하나 퍼덕거리고 있다. 사각 프레임 풍경화 안에서 보트가 남기고 간 사람은 누구의 눈물방울인가. 크게 반원을 그리며 돌아온 보트가 사람을 건져서 간다. 물보라가 일제히 뒤를 따른다.

세월이 지나간 자리에 남겨진 슬픔을, 후회를, 아쉬움을

건져갈 보트는 언제 오는가? 다시 일어서서 달릴 수상스키
는 있는가? 안전 수트는 입었는가?

> 창밖은 오월인데
> 너는 미적분을 풀고 있다
> 그림을 그리기에도 아까운 순간

몇 년 전 가장 친했던 여고 친구가 삼월에 떠났다. 친구
중 처음이었고 너무 갑작스러운 이별이라 충격이 컸다. 너무
늦게 발견한 위암이 손을 쓸 수 없게 되었을 때도 가족 외 누
구에게도 알리지 않았다. 중환자실에 의식 없이 누워서야 마
주한 친구의 얼굴에서는 예전의 모습을 찾기가 어려웠다. 빈
소에 갈 때 느껴지던 그 꽃샘 칼바람은 한겨울의 그것보다
뼛속 깊었다. 나는 야속한 친구를 원망하며 목놓아 울었다.

피천득의 시구처럼 '그림을 그리기에도 아까운 순간'에
너는 '미적분을 풀고 있'었구나. 그 깔끔한 성정으로 주변에
폐를 끼치지 않겠다며 이별할 시간도 주지 않았구나…. 잘
헤어져야 이별에도 그리움이라는 단맛이 든다. 준비할 시간
을 가질 수 있어야 했다. 충분히 애도해야 사랑하는 이를 떠
나보낼 수 있음이다.

언젠가부터 나는 오월에 떠나면 좋겠다는 생각을 한다. 장례식장에 가득한 꽃 대신 온 천지에 흐드러지게 핀 꽃들이 내 생을 애도하고, 심장 모양을 한 라일락 잎사귀가 손을 흔들어주는 오월에….

오래되어도 퇴색되지 않은 그리움은 힘을 쓸 때 툭 불거지는 힘줄처럼 무시로 돋아난다. 내 등 뒤로 꽃이 진다거나 빗물에 둥둥 꽃잎들이 떠내려갈 때, 햇빛이 너무 찬란해서 마당에 내려설 엄두조차 안 날 때거나, 창 너머로 보이는 강 풍경이 너무 아름다울 때도 그렇다. 너무 아름다워 어떤 말로도 형용하기 어려울 때 울컥 가슴에서 무언가가 치민다. 창밖은 오월인데….

이별은 시간을 두고 해감하듯이 뱉어야 한다. 가슴에서 모래가 서걱대지 않도록.

피천득 시집
『꽃씨와 도둑』「창밖은 오월인데」 중에서 _ 범우사

늙은 매화 등걸 같은 사내와 매화꽃 같은 아내

가녀린 자리옷의 아내가 더듬이를 잃었다
까맣던 머리도 밀려오는 파도에
하얗게 부유하는 거품인가
(중략)
아내의 깃털을 뽑아 염색약을
촘촘히 발라간다.

그 가늘고 조촐한 가난을
소중히 품고 살아온 빛바랜 시간들
다소곳이 앉아있는 아내는
목주름과 견골이 깊이 패였다

어제 낮 오피스 주차장에서 차를 빼다가 우연히 장수현 시인을 만났다. 새 시집을 냈다며 부랴부랴 챙겨준 걸 들고 와 아침을 먹으며 읽는다. 새콤달콤 오미자청을 넣은 간장

소스에 통들깨를 듬뿍 뿌린 상추 겉절이를 우적우적 씹다가 그만 목이 콱 막히고 말았다. 무심히 읽은 시가 쿵 가슴을 내리쳤다. 생각 없이 걷다가 돌부리에 걸려 비틀거린 낭패 같은…. 순간 나도 더듬이를 잃는다.

기실 나는 혼자여서, 혼자라는 게 더 홀가분하다 생각하며 살아온 세월이었다. 그런데 가끔 뭔가가 밀려올 때가 있다. 어느 날 사우나 탈의실에서 맞닥뜨린 풍경, 홀딱 벗은 여인이 전화를 받으며 내는 살가운 콧소리, "응 자기야!"

그때 나는 왜 원피스를 뒤집어쓰다 말고 콧잔등이 시렸을까? 따뜻한 물에 알맞게 데워져 발그레 익은 살갗에 걸려버린 원피스를 힘주어 끌어내리며 왜 서러운 마음이 들었을까….

나이 들어 서로 여기저기 안 아픈 데가 없는 칠십 대의 언니와 형부는 서로를 향해 참견하는 것이 일상사다. "여보, 그거 하지 말라니까!" 허리 수술을 한 후 몸이 온전치 않으면서도 텃밭 잡초를 그냥 두고 못 보는 형부에게 소리치는 언니.

"당신이나 몸 좀 아끼라니까!" 형부보다 더 가만 못 있는 언니에게 되려 역정인 형부. 이 부부에겐 고단한 세월을 오래 함께 녹여온 온돌방 같은 온기가 있다. 텃밭이라기보단 농사에 가까운 이백여 평에는 복숭아나무 사과나무 대추나무 배나무가 두세 그루씩 과수원을 이루고, 고추 참깨 강낭콩 토마토 참외 등속의 과채가 없는 게 없는 화수분이다. 은퇴 후 부부의 유일한 낙이자 소일거리인 이 밭을 풀 한 포기 없이 가꾸던 형부가 허리 협착증 수술로 군데군데 잡초가 무성해지자 부부는 서로 손대지 말라며 성화 중인 것이다.

이 밭에서 나는 소출을 이웃들에게 나누는 기쁨이 충만했던 언니는 형부 몫까지 억척을 부리다 결국 한쪽 어깨 힘줄기 끊어져 수술 날짜를 받아놓고도 가만있지를 못하자 이번에는 형부가 소리치는 것이다.

오래 혼자 살아온 사람에게 결핍된 언어는 '여보, 당신'이다. 그 말만은 온전히 그 대상에게만 할 수 있는 말이기 때문이다. 김용준은 『근원수필』에서 매화는 늙어야 아름답다고 했다. 그 늙은 등걸이 용의 몸뚱어리처럼 뒤틀려 올라간 곳에 띄엄띄엄 핀 꽃이 품위가 있다고 했다. 함께 늙어가며 아내의 머리에 염색약을 발라주는 파자마 차림의 남자. 아내의 깃털에 촘촘히 염색약을 바르며 더듬이를 잃은 아내의 빛바랜 시간을 애달파 하는 남자. 늙은 매화 등걸 같은 사내와 매화꽃 같은 아내, 이렇게도 쓸쓸한 아름다움이라니….

친구란 나의 등짐을 함께 짊어져 주는 사람이라고 했다.

친구이다가 웬수이다가, 이제는 서로 가여워진, 늙음의 등짐을 같이 짊어진 부부들, 그들이 인내하며 산 시간에는 그만한 보상이 있다. 깨박치고 싶은 무수한 시간을 건너온 사람들에게는 가치라는 보상이 따른다. 선택의 무게에 대해 아무것도 정의할 수 없는 게 인생이지만, 오래 함께 늙어온 부부가 아름다워 보이는 건 내 결핍 때문만은 아닐 것이다.

어느새 하늬바람이 푸스스 날아와
깃털로 쪼아놓은 머리에 세월을 심는다
나의 빛바랜 침묵을 탕진하는 날에
아내의 까만 머리는 다시 둥지를 틀었다

입안에서 들깨가 오독오독 씹힌다. 시고 달고 떫은 오미자청의 다섯 가지 맛이 오늘따라 유독 인생 맛이다. 더는 밥상머리에서 시를 읽지 말아야 할까 보다.

장수현 시집
『아내의 머리를 염색하며』 중에서 _ 계간문예

40

실연마저 사치인 나이, 가슴이 잃어버린 것

지난 7월 24일 남산 '문학의 집·서울'에서 열린 수요문학 광장에는 '이 작가를 말한다' 초대작가로 권남희 수필가가 초더됐다. 최원현 수필가가 진행한 대담에서 권남희 수필가는 19세기 낭만주의를 대표하는 화가 들라크루아를 언급하며 이렇게 말했다.

화가 들라크루아가 관습에 얽매이지 말고 독창적인 자신만의 상상력을 펼쳐야 한다고 했듯이, 자유로운 정신의 소유자인 작가는 관습이나 도덕에 매이지 않는 자신만의 자유로운 도덕관, 낭만적 규범이 필요합니다.

들라크루아는 누구보다 문학적 화가로 정평이 나 있다. 『햄릿』과 『파우스트』를 특히 좋아했던 그는 문학에서 소재를 얻고 자신의 상상력을 더해 새로운 세계를 표현하기를 좋아했다. 현실과 먼 것, 자신과 다른 것에 더 매력을 느꼈던 들라크루아는 낭만주의 미술의 리더로 손꼽힌다.

이런 들라크루아를 언급하며 작가들의 자유로운 도덕관과 낭만적 규범을 언급한 건 신선했다. 자신의 삶 언저리 이야기로 문학적 의미와 완성도를 도출하는 수필의 문학적 특성에 숨통을 틔워주는 말이었다. 늘 표현의 한계에 부딪히는 작가들에게 윗단추 하나를 살짝 풀어 헤치게 했다고나 할까.

낭만, 대체 이게 무엇이란 말인가? 우리는 언제부터 낭만을 잃어버렸나? 언제부터 낭만이란 말이 레트로 감성에 어울리는 그 시절 언어가 되어 버렸나? 들라크루아는 개성이 없는 고전주의에 반발해 자신의 감정과 생각을 담아낸 낭만주의 창시자가 되었는데, 우리 시대의 낭만은 최백호의 <낭만에 대하여>로만 남아 있는 듯하다.

"첫사랑 그 소녀는 어디에서 나처럼 늙어갈까.

나름대로 멋을 부린 마담에게 실없이 던지는 농담 사이로.

이제 와 새삼 이 나이에 실연의 달콤함이야 있겠냐마는, 왠지 한 곳이 비어 있는 내 가슴이 잃어버린 것에 대하여."

실연마저 사치인 나이, 우리 가슴이 잃어버린 것은 낭만 뿐일까?

"다시 못 올 것에 대하여, 낭만에 대하여." 나는 언제나 이 구절에서 가슴이 싸해진다. 다시 못 올 지나간 세월이 아쉬워서가 아니다. 낭만이, 낭만의 시대가 다시 못 올 것 같아서다.

낭만을 이야기하기에 세상은 얼마나 팍팍한가. 함부로 친절을 베푸는 것도, 호의를 받는 것도 조심스러운 세상, 자신에게는 관대하고 남의 잘못에는 가혹한 세상이다. 따뜻하게 주고받아야 할 사람들의 눈길이 감시의 그것으로 번뜩이고 있다.

며칠 전 운전을 하다 신호를 놓쳐 살짝 건널목의 금을 밟았다. 막 신호가 바뀌며 지나가던 딸뻘인 여인 하나가 내차 앞에 서서 내 눈을 똑바로 쳐다보며 삿대질로 한참 훈계를 했다. 적의에 가득 찬 그 눈길은 범죄자를 향하듯 했다. 이미 미안해서 쩔쩔매고 있는 사람에게 그렇게까지 해야 할까 싶으니, 반성하던 마음이 금세 '뉘 집 딸인지 참!'으로 바뀐다. 낭만이 없기는 그녀나 나나 똑같다.

낭만, 세상 무용한 것이지만, 세상 이보다 유용한 것이 있을까? 낭만은 우리 삶에 완충재 같은 역할을 한다. 유리그릇 같은 감성이 깨지지 않도록 감싸주는 포장재, 빽빽한 돌쩌귀가 삐걱거리지 않게 도와주는 윤활유 같다고나 할까.

"내 원체 이리 아름답고 무용한 것들을 좋아하오. 달, 별, 꽃, 바람, 웃음, 농담 뭐 그런 것들…." 드라마 <미스터 션샤인>에 나오는 김희성의 독백이다. 수도 없이 하는 재방송을 보면서도 이 장면 앞에서는 물 흐르는 고무장갑을 낀 채 TV 앞에 걸음을 멈춰 선다. 험난한 시대의 질곡 앞에서도 낭만을 잃지 않았던 주인공들의 서사, 그래서 더 깊이, 더 처절하게 와 닿았던 드라마다.

세상에서 가장 아름답고 위대한 낭만은 예술이다. 인간 삶에 예술이 없다면 어떻게 될까? 문학 미술 음악이 없는 세상은? 별, 달, 꽃, 바람, 웃음, 농담이 없는 세상은?

마당 가득 목수국이 피었다. 오늘은 문학적 은유가 번뜩이는, 낭만적 규범을 이야기할 낭만적 동반자들을 불러 낮술잔이나 기울여 봐야겠다.

권남희
'문학의집·서울' 수요문학광장 게스트
'이 작가를 말한다' 중에서

2부

아름다움의
크기

그 알싸하고 달콤하던 엄마의 손매 맛

어릴 적 엄마 따라 영천 오일장에 갔다가 손을 놓친 적이 있다. 엄마 손만 잡으면 세상 무서울 게 없던 시절이었다. 엄마가 난전의 꽃무늬 치마를 흥정하는 사이 나는 그만 약장수의 원숭이에게 홀려 엄마 손을 놓치고 말았다.

얼굴에 코주부 가면을 쓰고, 등에 멘 북을 발로 쿵쿵 차 두드리는 아저씨 어깨 위에 줄에 묶인 채 앉아있는 아주 작은 새끼원숭이의 멍한 듯 슬픈 눈에 이끌려 그만 따라나선 것이다.

얼마나 갔을까? 문득 돌아보니 엄마가 안 보였다. 더럭 겁이 나고 하늘이 캄캄해 울음보가 터졌다. 땅바닥에 주저앉아 얼마나 울었을까!

울다 지쳐 어깨만 쿨럭이고 있을 즈음 혼비백산한 엄마가 헐레벌떡 달려오더니 내 등짝을 있는 대로 후려치고는 그만 땅바닥에 철퍼덕 주저앉아 짐승처럼 울었다. 그 알싸하고 달콤하던 엄마의 손매 맛이 아직도 나는 그립다.

엄마 오리 뒤에
새끼 오리 다섯 마리

다섯 번째 오리가
네 번째 오리에게 물어봅니다.
앞에 엄마 있어?"

이정록 동시 「오리왕자」이다. 새끼 오리 앞에 엄마가 있고, 형도 누나도 있는 한 새끼 오리는 악어도 무섭지 않다. 호수의 왕도 꿈꾸게 한다.

보호받는다는 건 이런 것이다. 앞에 누군가 있다는 것만으로도 용기가 생기고, 세상이 무섭지 않다. 다섯 번째 새끼 오리는 맨 뒤에 있다고 불평하지만, 사실 그 자리가 가장 안전한 자리라는 걸 아직 모른다. 앞에서 길을 내주는 이들이 있고, 뒤에서 밀어주는 바람이 있어 그저 따라가기만 하면 되는 막내 시절이다.

나도 그런 시절이 있었다. 앞에 부모님이 있고, 언니 오빠들이 있고, 뒤에는 햇살과 바람이 있었다. 그때는 몰랐다. 그 자리가 얼마나 든든하고 따뜻한 자리인지를.

시간이 흘러 어느덧 내가 앞에 서게 됐다. 내 뒤에 우리

47

아이들이 있고, 후배들이 있고, 알게 모르게 따라오는 이들을 위해 길을 내야 하는 자리, 세상을 먼저 감지하고 방향을 제시해야 하는 자리. 겉으론 당당해 보이나 기실 나는 언제나 떨고 있다. 잘못 인도하면 어쩌나, 내 뒤를 따르는 이들을 실망시키면 어쩌나….

수필 강의를 시작했을 때도 그랬다. 나보다 인생 경험이 훨씬 많은 학생 앞에서 먼저 익혔다는 명분 하나로 글쓰기를 가르친다는 게 얼마나 부담스러웠는지. 하지만 시간이 지나면서 알게 되었다. 앞에 선다는 건 혼자 앞서 나가는 게 아니라, 함께 가는 길에서 조금 먼저 경험한 것을 나누면서 어깨를 겯고 가는 일이라는 것을.

강의실에서 수강생들의 눈빛을 보면 가끔 어린 시절 오일장에서 길을 잃었던 내 모습이 보인다. 글을 쓰고 싶어 하지만 어디서부터 시작해야 할지 몰라 헤매는 모습들. 그들 앞에 서서 나는 말한다. "걱정하지 마세요. 천천히 따라오세요. 제가 앞에서 길을 낼게요. 그저 가슴의 소리를 들으세요."

부족하지만 내 가르침을 믿고 따라와 주는 이들에게서 나는 더 많은 것을 배운다. 가르치는 것보다 더 많은 공부가 없다는 것을 매 순간 깨닫는다.

다섯째 오리가

고개를 돌려

드넓은 호수에게 외칩니다.

내가 왜 맨 뒤에 있게?

그건, 내가 가장 용감하거든

이정록 동시집

『오리 왕자』 중에서 _ 풀과바람

엄마의 연애에 간섭할 생각은 마라

아들이 새 연애를 시작했단다. 근데 이게 반갑기도 하고 떨떠름하기도 하다. 아들은 결혼은 하겠지만 아이는 안 낳겠다는 소위 딩크족이다.

뭐라? 며느리는 주고 손주는 안 주겠다고? 그럼 차라리 내 아들만 하거라! 아들 인생을 왜 엄마가 관여하느냐고? 내 인생에 네가 있으니까. 나도 내 인생이 소중하니까!

관여는 간섭이 아니다. 간섭은 남의 일에 쓸데없이 참견하는 일이지만, 관여는 애정을 가지고 중히 여기는 마음이다. 자식 인생에 부모가 관여하지 않으면 누가 한단 말인가?

처음 아들이 딩크족 선언을 했을 때는 정말 당황스러웠다. 내가 그토록 소중히 키운 아들이 자신의 유전자를 이어가지 않겠다니. 마치 내 인생을 부정당하는 기분이었다.

"아이를 낳아서 고생시키고 싶지 않고, 잘 키울 자신도 없어요."

이게 신중하고 책임감 있는 선택일까?

생각해 보니 나도 세상의 기대와는 다른 길을 걸어왔다. 다행히 부모님은 내가 글 쓰는 것을 좋아하셨다. 백일장에서 상을 받아오면 동네방네 자랑하셨고, 책에 글이 실리면 기뻐하셨다. 하지만 26년 결혼생활을 정리했을 때는 어떠셨을까. 다행이라면 부모님이 돌아가신 후의 일이다. 하지만 살아계셨어도 속으로 실망은 하겠지만 나를 믿어주셨을 것이다. "네가 최선을 다했다는 걸 아니까 괜찮다"고 하셨을 것 같다. 어쩌면 이혼이 치부가 아니라 새로운 시작이라고 응원해 주셨으리라. 그 믿음이 있었기에 나는 세상에 떳떳할 수 있었다.

지금 아들의 선택도 그런 것일까. 나름의 철학과 신념이 있는 선택일까. 깊이 고민한 끝의 결론일까. 이해는 어렵지만, 어쩌면 나보다 현실적이고 책임감 있는 선택일 수도 있다고 믿어보고 싶다.

아버지는 푸른 달빛에 흠뻑 젖어 아기 업은 제 아내를 데리고 밤길 가는 인생 노정에 나를 주연으로 출연시키신 것이다. '임마, 동반자란 그런 거야' 하는 의미를 일깨워 준, 아버지는 탁월한 인생 연출가였다.

목성균 작가는 연출가 아버지에게서 큰 깨우침을 얻었다는데, 나는 어떤 연출을 해야 우리 아들이 제 길에서 행복해하는 모습을 볼 수 있을까?

그래도 마음 한구석에서는 아쉬움이 밀려온다. 달빛 아래서 제 아이를 안고 걷는 행복을 아들이 모를 수도 있다는 게, 내가 저를 키우며 느꼈던 그 벅찬 감동과 행복을 경험하지 못할 수도 있다는 게 슬프다.

처음 저를 배태했을 때 기적 같던 축복, 고통보다 벅찼던 출산의 기쁨, 밤잠을 설치며 우유를 먹이고, 잠들 때까지 머리맡에서 책을 읽어주고, 아프면 차라리 내가 대신 아프게 해달라 간절히 기도하며 밤을 지새던 그 시절. 힘들었지만 그 안에서 찾은 행복과 보람이 얼마나 컸던가.

하지만 행복의 모양이 꼭 하나일 필요는 없다. 아들에게는 아들만의 행복이 있을 것이다. 아이 없는 삶이 누릴 수 있는 자유로움도, 서로에게만 온전히 집중할 수 있는 사랑도 있을 테니까.

연애를 시작한 아들이 자신과 가치관을 공유할 수 있는 사람을 만난 것이면 좋겠다. 두 사람이 함께 만들어갈 행복이 무엇인지 신중하게 선택할 수 있었으면 좋겠다. 그러면서도 아들이 사랑하는 그녀가 내 마음 같기를 은근히 기대하는 어미의 심정은 어쩔 수가 없다.

괴테는 자녀에게 두 가지를 주라고 했다. 날개와 뿌리. 자유롭게 날아갈 꿈과 스스로 뿌리 내릴 수 있는 힘을.

아들아! 무엇이 너에게 날개가 되고, 무엇으로 뿌리내릴지를 깊이 생각하길 바란다. 그리고 네가 선택한 길에서 진정한 동반자를 만나길, 아이가 있든 없든, 너희만의 행복을 만들어가길 바란다.

그렇다고 아들아! 엄마의 연애에 관여할 생각은 추호도 말아라. 나도 내 인생이 있단다. 나에게도 아직 날개와 뿌리는 필요하단다. 육십이 넘어서도 가슴 뛰는 일들이 있고, 새로운 꿈들이 있단다. 우리 서로의 선택을 존중하며, 각자의 행복을 응원하자꾸나.

목성균 수필전집
『누비처네』「누비처네」 중에서_연암서가

내 어린 시절의 키다리 아저씨 윤택이 아재

"아빠가 가난뱅이라서 진짜 싫어."

크리스마스 선물을 받지 못한 제제가 형과 나누는 얘기를 그만 아빠가 듣고 말았다. 몇 달째 일자리를 구하지 못한 아빠가 가족들을 볼 면목이 없어 밖에 나와 있다가 우연히 창가에서 아이들이 하는 얘기를 들어버렸다.

충격을 받은 건 아빠만이 아니었다. 제제는 또또가 형에게 "정말 나쁜 녀석, 뱀 같은 녀석, 아무짝에도 쓸모없는 놈"이란 말까지 들었지만 그건 중요하지 않았다. 아빠의 슬프고 큰 눈이 계속 자신을 따라다니는 거였다. 제제는 형의 구두닦이 통을 매고 거리로 나왔다. 아버지가 좋아하는 담배를 선물로 사 드리기 위해서. 그러나 크리스마스 아침이라 구두 닦는 사람들을 찾기가 힘들었다. 제제는 돈이 절박했지만 거저 주는 돈은 받지 않았다. 하루가 다 지날 무렵 제제는 담배 두 갑을 사서 아빠에게 그럴 마음이 아니었다고 말하며 울었다. 아빠는 팔을 벌려 제제를 꼭 안아주었다.

『나의 라임오렌지 나무』를 펼쳐 든 건 순전히 이 글을 쓰기 위해서였다. 예전에 읽다 만 기억만 있을 뿐 구체적 내용이 생각이 안 나기도 했다. 다섯 살짜리 제제가 아버지한테 기절할 만큼 맞고 기차에 뛰어들어 죽어버리겠다고 말했을 때 뽀르뚜가가 보여준 장면을 읽다가 나는 그만 책을 놓고 엉엉 울어버렸다. 처음에는 제제가 가여워서 울다가, 그다음 엔 뽀르뚜가의 따뜻함 때문에 울다가, 나중에는 무엇 때문에 우는지 모르면서 계속 울었다. 어쩌면 나의 키다리 아저씨를 기억해 낸 것이 아니었을까.

"철든다는 건 생각이 생겼다는 것이야. 생각이 자라고 커서 우리 머리와 마음을 모두 돌보게 돼. 생각은 우리 눈과 인생의 모든 것에 깃들게 돼."

제제를 알기 전까지 나는 내 어린 시절의 키다리 아저씨가 누군지 깨닫지 못하고 있었다. 어린 시절 나에게 처음 나온 도시 아이들의 세련된 학용품을 사다 준 사람, 그림 종이 인형 놀이를 사다 주고, 동화책을 선물해 준 사람, 우리 막내 외삼촌 윤택이 아재. 대구에서 소리사를 하던 아재는 명절이면 시골에 사는 우리에게 늘 이런 선물을 한 보따리씩 사다 안겼다. 그래서 명절이 되면 윤택이 아재가 이번에는 무슨 선물을 사 올까 까치발을 하고 기다렸고, 그 기대가 명절이 오는 가장 큰 기쁨이었다. 제제는 나의 키다리 아저씨를 깨우쳐 주었다.

"우리는 의지할 곳 없는 기분이 들어 함께 나지막이 울기 시작했다."
"제 마음속에서 죽이는 거예요. 사랑하기를 그만두는 거죠. 그러면 그 사람은 언젠가 죽어요."
아빠에게 맞고 그를 죽이겠다고 말하는 제제에게 뽀르뚜가가 그건 안 된다고 말하자 제제가 하는 말이다. '사랑하기를 그만두는 건 그를 죽이는 것'이라고.

나이 든 남자들의 글에는 아버지 이야기가 많이 나온다. 자신이 나이 든 아버지가 되고서야 자기 아버지를 이해하게 된 이야기가 많다. 대부분 후회와 그리움으로 그린다. 그때 아버지는 얼마나 외로웠을까 생각한다. 자신의 심정을 대변하고 있다. 가난한 아버지가 싫어 청소년 때 가출을 감행했던 대학 총장님의 어린 시절도 있고, '아버지가 되어보니 아무리 노력해도 나는 바다가 되지 못'하더란 전직 외교관도 있다. 바람만 피우며 가정을 돌보지 않은 아버지를 아직도 용서하지 못한 사람도 있지만, 그들은 글을 통해 아버지와 화해를 시도한다.

발설의 힘, 글쓰기는 치유의 한 과정이기도 하다. 입 밖에 꺼낼 수 있다는 것은 이미 용서의 강을 건넜다는 뜻이다. 아직도 가슴 속에 웅크리고 있는 '작은 새'를 날려 보내지 못한 마음에는 성장을 이루지 못한 어떤 부분이 남아 있다.

"생각이 생기기 전까지 마음속에는 '작은 새'가 살아. 생각이 자라면 새를 더는 필요하지 않기 때문에 작은 새를 하느님께 돌려보내야 해. 그럼 하느님은 다른 꼬마에게 그 새를 넣어 주신대."

에드문두 아저씨처럼 모든 걸 다 설명해 주는 사람이 곁에 있다면 좋겠지만, 뽀르뚜가 같은 기적을 만날 수 있다면 얼마나 좋을까만, 우리 인생은 대부분 제제처럼 온몸으로 세상을 알아가야 하고 사랑한 만큼 큰 슬픔을 겪으며 조금씩 철이 들게 된다. 하지만 이제 나는 어린 제제가 아니다. 친구가 되어줄 차례다. 윤택이 아재가 되고, 뽀르뚜가가 되고, 라임 오렌지 나무가 되어줄 차례라는 걸 슬그머니 깨닫는다.

"뽀르뚜가, 당신은 내가 꾸는 모든 꿈에 나온단 말이에요."

J. M. 바스콘셀로스, 박동원 옮김
『나의 라임 오렌지 나무』 중에서 _ 동녘주니어

엄마 안에 엄마, 그 안에 또 엄마

'어머니 날'이면 가슴에 습자지 카네이션꽃을 단 엄마들이 학교에 왔다. 어머니 운동회가 열리는 것이다. 며칠 전부터 아이들이 학교에서 빨강 물을 들인 습자지로 만든 종이 꽃을 달고 한껏 차려입은 엄마들은 모두 봄꽃처럼 화사했다. 가슴에 꽃을 달아보는 게 일 년 중 이날밖에 없는 우리 엄마도 단벌 외출복인 참꽃 빛 한복을 입고 왔다.

운동장에서 아이들과 손을 잡고 달리기를 할 때면 엄마들은 속 고쟁이가 다 보이도록 훌러덩 치마를 걷어붙여 허리에 묶고는 흰 고무신을 신고 잘도 달렸다. 엄마가 없는 미조는 흰 습자지로 만든 꽃을 제 가슴에 달았고, 예쁜 담임 선생님과 손을 잡고 달렸다. 우리는 그런 미조를 부러워했었다.

러시아 인형 마트료시카처럼 엄마 안에 또 하나의 엄마가 들어있고, 그 엄마 안에 또 작은 엄마 하나가 들어있고, 자꾸자꾸 엄마들이 생겨나서 지금의 나 서은례도 태어났으니 어찌 내게 엄마가 하나뿐일까. 하지만 그 겹겹의 엄마들 중에서 내가 확실히 아는 사람은 단둘뿐이다. 엄마와 외할머니.

황영경의 소설을 읽고 나면 종일 <마포종점> 노랫가락이 입안에서 맴돈다. "비에 젖어 너도 섰고 갈 곳 없는 나도 서었다" 하다 보면 꼭 그때의 엄마들이 떠오르곤 한다.

제 어미가 이 세상 전부인 우리 손녀 재이는 제 어미에게도 엄마가 있단 사실이 너무나 놀라웠나 보았다. 외할미가 제 어미의 엄마라는 것을 인식하던 즈음 딸아이가 "엄마는 할머니 거야!"하며 장난스레 나를 끌어안자 아이는 마치 어미를 빼앗긴 것같이 서러운 표정을 지으며 으앙 울음을 터트렸다. 엄마 안에 엄마가 있고, 또 그 안에 엄마가 있는 마트료시카 인형을 보여주며 이렇게 엄마들이 겹겹이 이어져서 네가 있는 거란다 하고 얘기해 주었어야 했다는 걸 이 소설을 읽으면서야 생각했다.

어버이날이 다가오면 꽃 달아드릴 부모님이 안 계신다는 게 헛헛해서 부모님이 생전에 계시는 친구가 부러울 때가 있다. 하지만 오래 투병 중인 노부모가 있는 사람들에겐 그 말을 쉬 하지 못한다. 내 친구 어머니는 오래 치매를 앓으며 요

양병원에 계시는데 언젠가부터 딸을 알아보지 못한다고 한다. 면회를 가서 "엄마, 딸 왔어요!" 하면 "어디 다 늙은 것이 와서 내 딸이라고 하느냐!"며 역정을 내신다는 것이다. 최근 기억부터 지워진다는 치매는 딸의 어린 시절까지로 거슬러 삭제되었나 보다고 친구가 말할 때 가슴이 먹먹했다.

소설가 박완서는 "늙는다는 것은 같은 경험을 가진 이를 하나둘씩 잃어가는 과정"이라 했다. 게다가 기억마저 잃는다면 생이 의미가 있을까. "어머니는 나의 좋은 일을 가장 먼저 알리는 곳, 만약 그분이 안 계신다면 나의 좋은 일은 얼마나 허망할 것인가"라고도 했다. 하지만 어머니라는 기억이 내 안에 존재하는 것만으로도 살아내야 할 이유는 충분하다.

노년의 우리 엄마는 늘 숨 가쁘게 사는 딸에게 글 쓰지 마라, 공부하지 마라, 골치 아프다 하셨다. 나는 그게 얼마나 지극한 사랑의 말인지 잘 안다. 그래도 내가 상을 받아오면 제일 기뻐해 주었다. 이제 문학상 수상의 소식을 받을 때면 나는 잠시 허둥댄다. 기쁜 소식을 누구에게 먼저 알려야 할지 몰라 멍하니 창밖만 내다보고 서 있다. 그런데 요즘 우리 아이들이 내게 그런다. 쉬엄쉬엄하셔라, 몸 생각부터 하셔라!

나에게 영감으로, 문장으로 와준 모든 인연이 내 안의 엄마 같다. 인연은 의미를 낳고 글을 낳고, 그 낳은 것들이 끝내 나를 낳는다. 오늘도 인연들이 봄꽃 되어 내 앞에 툭 불거진다. 근데 저기 진자주 목단은 대체 누가 낳았는지 모르겠다. "비에 젖어 너도 섰고 갈 곳 없는 나도 섰었다." 노래만 흥얼거리게 하는 저 꽃. 내 손을 잡고 달리던, 우리 엄마 가슴에서 휘날리던 습자지 꽃을 닮은 저….

황영경 소설집
『미나카이 백화점이 있던 자리』 중에서 _ 강

> 고향에 돌아와 오래된 담장을 허물었다
> 기울어진 담을 무너뜨리고 삐걱거리는 대문을 떼어
> 냈다
> 담장 없는 집이 되었다
> 눈이 시원해졌다

나는 지금 리스본 서쪽 끝에 서 있다. 땅이 끝나고 바다가 시작되는 곳, 포르투갈 끝자락에서 문득 공광규가 허문 담장을 떠올렸다. 세찬 비바람이 이방인의 귀싸대기를 때리는 언덕에 서서 남루한 영혼마저 빼앗기지 않으려 옷자락을 부여잡고 나를 끌어안았다. 목덜미로, 머리카락 속으로 마구 손을 쑤셔 넣는 난봉꾼 바람에 지지 않으려 정신을 가다듬고 마음을 다잡았다.

문인단체 심포지엄 차 포르투갈에 오면서 리스본 일정 중 가장 기대했던 곳이 바로 이 로카곶이다. 유럽 대륙의 서쪽 끝이라는 상징성 때문만이 아니었다. 포르투갈의 대시인 카몽이스가 "여기서 땅이 끝나고 바다가 시작된다"고 노래한 그곳에서 나는 무엇을 보게 될까 궁금했다.

마루에 올라서면 보령 땅에서 솟아오른 오서산 봉우리가 가물가물 보이는데
나중에 보령의 영주와 막걸리 마시며 소유권을 다투어 볼 참이다
오서산을 내놓기 싫으면 딸이라도 내놓으라고 협박할 생각이다
그것도 안 들어주면 하늘에 울타리를 쳐서
보령 쪽으로 흘러가는 구름과 해와 달과 별과 은하수를 멈추게 할 것이다

함께 온 문우들은 저마다 다른 곳을 바라보고 있다. 어떤 이는 바다를, 어떤 이는 등대를 배경으로 사진을 찍고 있었다. 바람에 휘청이는 일행들이 끊임없이 환호를 만들어냈다.
나는 문우들과 조금 떨어져 경계를 친 절벽 끝에 섰다. 발 아래로 부서지는 파도 소리가 온몸을 관통하는 듯했다. 끝없이 펼쳐진 대서양이 시야에 각인되자 문득 담장이 떠올랐다.

내가 평생 쌓아온 담장들이.

동행한 친구가 다가와 말했다.

"여기 서 있으니까 마치 세상을 다 가진 사람 같은데."

"세상을 다 가진 게 아니라 세상을 다 내려놓은 기분이
야."

결혼생활을 정리했을 때가 생각났다. 그때도 나는 담장
을 허물었다. 아내라는 담장, 가정이라는 담장. 가장 견고하
다고 생각했으나 가장 허술했던 담장을 허물었다. 그 누구도
나의 선택을 비난하지 않았지만, 스스로의 모럴에 갇혀 방황
했던 담장을 허물고 나서야 비로소 숨이 쉬어졌다.

그가 "오서산을 내놓기 싫으면 딸이라도 내놓으라" 큰소
리치고, "그것도 안 들어주면 하늘에 울타리를 쳐서 흘러가
는 해 달 별 은하수, 구름까지 막아버리겠다"고 도발하길래,
나는 무슨 발칙함을 벼리어 그를 막아볼까 궁리했다. "공시
가격 구백만 원짜리 기울어 가는 시골집 담장을 허물고 큰
고을 영주"가 된 시인도 있는데, 바다가 시작되는 땅의 끝자
락에 서서 까짓 못 허물게 뭐람.

아직 내게는 허물고 싶은 담장이 많다. 하지만 이곳 로카
곶에서는 모든 담장이 무의미하다. 바람은 아무것도 묻지 않

고 모든 것을 흔들어댔다. 바다는 내가 누구인지 관심도 없이 그저 파도를 일으킬 뿐이었다. 자연 앞에서 인간이 만든 경계는 모두 허상일 뿐이다.

"무슨 생각을 그리 골똘히 해?"

"담장을 허물고 싶어졌어!"

다 이해한 듯 그녀가 웃었다. 우리 모두 각자의 담장을 안고 살아가는 사람들이니까.

나는 누구의 딸이나 아들을 내놓으라 하기 전에 내 눈 속의 벽을 거두어 이제 막 시작된 바다를 만나고, 바람에 휘어 비스듬히 자란 나무의 내력을 만나고, 함께 온 사람들의 가슴과 만나보아야겠다. 그러면 "잎사귀들이 사귀는 소리"가 들리고, 시인이 그물 쳐 막아놓은 별 달 구름 은하수도 계속 흘러 우리들의 가슴 강으로 흐르겠지.

　　공시가격 구백만 원짜리 기울어 가는 시골 흙집 담장
　을 허물고 나서
　　나는 큰 고을 영주가 되었다

리스본에서 돌아온 후 나는 정말로 담장 하나를 허물었다. 내 안의 낡은 규범이라는 빗장을 풀고 더 솔직하게, 더 당당하게 내 이야기를 쓰기로 했다. 시인처럼 나도 영주가 되었다. 내 글의 영주, 내 삶의 영주가.

공광규 시집
『담장을 허물다』 중에서 _ 창비

"얘야, 거기서 나오너라!"

라자로야, 나오너라! 하고 큰소리로 외치시자 죽었던 사람이 밖으로 나왔는데 손발은 베로 묶여 있었고 얼굴은 수건으로 감겨 있었다. 예수께서 사람들에게 그를 풀어주어 가게 하여라 하고 말씀하셨다.

내가 아무것도 아닐까 봐 두려웠다. 그대로 주저앉게 될까 봐 너무나 두려웠다. 그때 나는 6개월째 칩거 중이었다. 마음의 빗장을 닫아걸고 바닥에 내려앉은 먼지처럼 하찮아져 있었다.

26년 결혼생활을 정리한 후였다. 남편의 반복적인 실수를 더는 견딜 수 없어 내린 결정이었지만, 막상 혼자가 되고 나니 실의와 우울감이 밀려왔다. 최선을 다했다고 생각했는데 결국 가정이 깨졌다는 자책감, 이제 다시 시작할 수 있을까 하는 절망감이 나를 짓눌렀다. 더는 회복할 수 없을 것 같은 막막함 속에서 나는 세상과 담을 쌓고 지냈다.

그때까지 나는 모태신앙이었지만 깊지 않은 신앙심을 가지고 있었다. 일과 병행하기 힘들어 성당에 가는 일이 부담스러웠다. 주말에는 온전히 쉬고 싶었는데 성당에 가야 한다는 의무감이 더 무거웠다. 그래도 모태신앙의 책임감 때문에 가야 한다는 생각에 시달렸다. 신앙이 위로가 아니라 짐이 되어 있었다.

세상이 깜깜한 암흑천지 같은 수렁에서 허우적대고 있던 어느 날, 돌아가신 어머니가 꿈속에 나타나 말했다.

"얘야, 성당에 가거라!"

그 음성이 너무나 생생해 벌떡 잠에서 깨어 시계를 보니 새벽 4시였다. 꿈인지 환시인지 모를 만큼 생생한 어머니의 목소리였다. 그동안 성당 가기를 꺼렸던 내게 어머니의 말씀은 거역할 수 없는 무엇인 동시에 구원의 손길이었다.

그때부터 주일 성경반에서 시작한 6년간의 성경 공부가 내 삶을 바꿔놓았다. 처음에는 그저 어머니의 말씀에 순종하는 마음으로 시작했는데, 말씀을 공부하면서 조금씩 마음에 평안이 찾아왔다. 상처받은 마음이 치유되고, 새로운 삶에 대한 용기가 생겼다.

"라자로야 나오너라!"라는 구절을 만났을 때 소름이 돋았다. 무덤 속에 갇혀 죽어 있던 라자로를 부활시키신 예수님의 말씀이 바로 내게 하신 말씀처럼 느껴졌다.

"애야! 왜 그러고 있느냐, 거기서 나오너라!"

그분이 어머니의 음성을 빌려 내게 이르신 말씀이었다는 것을 깨닫는 순간이었다. 절망과 자책의 무덤에서 나를 불러내신 것이다.

그날 이후 내게 어머니라는 단어는 하느님과 동의어가 되었다. 삶의 길목에서 길을 잃거나 벽을 만날 때마다 내 안의 지혜가 꿈틀거릴 수 있도록 어머니의 음성이 들리곤 했다. 어머니는 내게 신앙이자 든든한 백이었다.

그 시절을 이기고 지금 나는 꿈꾸던 전업 작가 생활을 하고 있다. 강이 보이는 전원에서 매일 읽고 쓰는 작업을 하며 지낸다. 창 너머로 보이는 남한강이 계절마다 다른 옷을 갈아입으며 내게 영감을 준다. 이 풍경은 내 삶의 보상 같다.

그럼에도, 저잣거리의 욕망과 유혹에 눈길을 뺏기다 보면 주일을 놓치고, 또 놓치고, 어느 때부턴가 다시 게으름에 안주하는 생활을 하고 있다. 글쓰기에 몰두하다 보면 성당 가는 일을 뒤로 미루게 된다. 주님 백을 믿고 너무 오래 나돌고 있다는 자각이 드는 건 성탄절이 다가오고 있어서일까?

겨울비가 이틀째 내리고 있다. 창 너머로 안개가 자욱한 겨울 강을 바라보고 있노라니 다시 들려오는 조용한 음성

하나.

'애야! 성당에 가거라!"

어머니의 음성인지, 내 마음 깊은 곳에서 나오는 소리인지 모르겠다. 하지만 분명한 건 그 음성이 나를 다시 일으켜 세우고 있다는 것이다.

12월은 묵은 것을 정리하기 좋은 계절이다. 그래서 다시 시작하기 좋은 계절이다. 송구영신의 계절이다. 올해를 보내며 감사하고, 새해를 맞으며 다짐하는 시간. 나도 다시 시작해야겠다. 라자로처럼 무덤에서 걸어 나와 새로운 삶을 살 듯이.

"애야, 거기서 나오너라!"

오늘도 그 음성이 들린다. 안주하려는 나를, 게으름에 빠진 나를 다시 일으켜 세우는 사랑의 음성이.

공동번역 「요한복음」 11:41~45

울음이 이토록 달다는 사실

멋진 울음 터로구나. 크게 한번 울어볼 만하도다!
천고의 영웅은 잘 울었고, 미인은 눈물이 많다네.

나는 깨달았다. 내게는 좋은 울음 터가 있다는 사실을, 울음이 이토록 달다는 사실을….

한때 나는 울지 못하는 병에 걸렸었다. 어떤 희로애락을 직면해도 울거나 눈물이 나지 않았다. 울지 못한다는 것은 배설하지 못하는 것만큼이나 고통스러웠고 감정의 정체는 몸도 마음도 망가뜨렸다. 세상과의 소통은 물론 글을 쓰는 일도 할 수 없었다. 안으로 안으로만 침잠하는 마음은 온통 웅크려 엎드린 채 자신만을 할퀴고 있었다. 운다는 것은 숨을 쉴 수 있을 때야 나오는 것, 울 수 있다는 것이 얼마나 축복인지 나는 그때 알았다.

어려서 엄마 손에 이끌려 마지못해 영세를 받았던 영천 성당에서 지난 주말 고별미사가 있었다. 88년 된 성당이 재건축되면서 추억을 간직한 '불기둥' 회원들을 위한 특별미사였다. 초등학교 4학년 때 첫영성체를 받고 드문드문 성당에 나가다 고등부 학생회에서 활동했다.

신앙이 더 돈독해졌다기보다 친구들과 선배들이 즐겁게 이끌어주는 재미에 함께했던 기억이다. 1970년 중반 <불기둥> 회지를 발간하며 함께 활동했던 고등부 학생회 회원 50여 명은 이후 성인이 되어 전국 각지에 흩어져 살면서도 40여 년이 넘는 지금까지 친목회 형식으로 소식을 주고받으며 매년 모임을 이어 왔다.

더욱 은혜로운 일은 이 중에서 신부님이 네 분이나 나왔고, 이날 특별미사는 이 네 분 신부님의 공동 집전으로 감동을 더 했다. 이날 미사에서는 신앙이 싹트던 우리들의 어린 시절 발자취 사진들이 영상으로 띄워졌고, 감격에 벅찬 우리는 저마다의 추억에 잠겼다. 그중 우리 모두를 기어이 울게 한 장면 하나, 텅 빈 성당의 모습이었다.

"지금은 안 계신 우리 부모님들이 앉았던 자리"라는 자막이 떠오르는 순간 우리는 모두 울컥 가슴에서 터지는 울음을 참지 못했다. 이제 모두 육십을 넘긴 친구들. 미경이도 울고 재화도 명숙이도 울었다. 상철이 성근이 영모 종찬이 연국이 상문이 춘우 기철이도 울컥했고, 선배들과 신부님들도 눈시울을 붉혔다. 감기 때문에 못 온 선애는 실시간으로 올라오는 우리 모습을 사진으로 보며 속상해하다가 나중에 받은 영상을 보고 또 보며 눈물을 흘렸다고 했다.

첫영성체를 받던 날 들고 있던 촛불이 망사 베일에 구멍이 내는 바람에 닭똥 같은 눈물을 뚝뚝 흘렸던 어린 내가 기억으로 오롯이 돋아났다. 화사하게 참꽃 빛 한복을 차려입은 엄마가 괜찮다 괜찮다, 달래주던 모습도 거기 있었다. 문득 '고별'이라는 말이 엄마를 여의는 것처럼 서러웠다.

울 수 있다는 것은 신이 주신 축복이다. 나는 울지 못하는 병을 성당에 가서야 터트렸었다. 오랜 냉담 끝에 지독한 시련을 겪고서야 처음으로 제 발로 찾아간 그곳에서 10년 동안 흘리지 못한 눈물을 한꺼번에 다 쏟아내고 비로소 평화가 무언지 어렴풋이 짐작하게 되었으니….

성당은 나의 호곡장(好哭場)이다. 감사하고 은혜로운 울음 터다. 영웅이나 미인이 아니어도 울 수 있는 좋은 울음 터다.

고미숙, 박지원 원저
『열하일기-삶과 문명의 눈부신 비전』
「호곡장(好哭場)」중에서 _작은길

막 태어난 산이 연두 옷을 짓고

달의 뒤편 같은 기룡산 북쪽 구름 공장 산돌배나무에
어깃장 놓으러 간다. 백 번을 소스라쳐 굽이치며 화냥기
낭자한 인공 호수 쪽 벚꽃길은 버리고 (…) 산돌배나무가
지금 막 삼백쉰여덟 살 자궁으로 뭉실뭉실 밀어내는 연
금술인 뭉게구름의 저 순결한 폭발!

내 평생 꽃길만 걸어본 날은 처음이었다. '화냥기 낭자한
사십 리 벚꽃길'을 앞서 달리며 시인이 버리고 가며 일으키
는 꽃잎의 난무에 돌고래 환호를 지르며 따라갔다.

"우산 쓰고 오시오! 비가 쏟아집니다!"

앞서 달리던 시인이 뒤차에 탄 늙은 소녀들에 보내는 전
갈이다. 햇볕 창창한 차창밖에 꽃비가 쏟아지고 있다. 막 태
어난 산이 연두 옷을 짓고 있다.

농부 시인 이중기. 그는 고교 시절 영천에서 문학 활동을
함께 했던 선배다. 막내 오빠의 친구이기도 한 그와 대화를

튼 건 서너 해 전 문학 행사에서다. 고교 시절 우리는 영천고와 영천여고에서 각각 문예반 활동을 했는데 가을이면 영천 문화원에서 백일장과 시화전을 함께해 서로 이름만 아는 정도였다. 그때부터 그의 문재(文才)는 이미 타의 추종을 불허했다.

고향에서 복숭아 농사를 짓고 사는 그가 산돌배나무를 지키고 있었다. 사람 발길이 닿지 않을 것 같은 산기슭에 고요히 숨어 있는 수령 삼백육십여 년의 노거수. 아직도 '뭉게구름' 같은 꽃을 피워내는 왕성한 출산력의 나무를 시인은 구름 공장이라 읊었다. 엉덩이 펑퍼짐 후덕한 어머니 몸매에 암컷의 교태를 잃지 않은 균형 잡힌 자태, 뭉게뭉게 만개한 빼곡한 머리숲에는 벌떼 소리가 자욱했다.

꽃비에 취해 노닥거리던 우리보다 먼저 도착한 시인은 봉숭아밭에서 일하던 모습 그대로 어느새 산돌배나무 모종을 화분에 옮겨 담고 있었다. 나무 아래 떨어져 발아한 산돌배나무의 후손들을 정성스레 받아안는 중이었다. 시인이 삼백쉰여덟 살 자궁이라 한 이유를 알 것 같았다. 화분에 담아다 돌보아 뿌리가 튼실해지면 다시 그 옆에 가져다 심는다는 것이다. 그렇게 심어놓은 산돌배나무 자손이 벌써 여럿이었다.

봄철 과수원에 할 일 천지삐까리인 일손을 놓고 후배의

귀향길을 마중해준 시인에게서 고향이 느껴졌다. 새까맣게 그은 얼굴, 투박한 손길, 흙 묻은 신발에서 농부였던 내 아버지가 떠올랐다. 부모님이 안 계신 고향은 고향이 아니었다. 태자리를 잃어버린 것같이 그게 늘 헛헛했는데 고향을 지켜주는 문우 선배가 있어 얼마나 고마운지….

양평에서 무궁화호 기차를 타고 세 시간여를 달려가면 문우들이 영천역에 마중을 나와 준다. 고향에 가는 길은 늘 수학여행을 가는 것처럼 설레고, 차창 밖으로 펼쳐지는 풍경은 꿈결 같다. 개나리 진달래 핀 언덕이 지나가고, 복사꽃 흐드러진 과수원이 지나고 또 지나고, 연두가 번지는 산벚 핀 먼 산이 철길가 아이들처럼 따라오며 손을 흔든다.

그렇게 고향에 닿으면 느티나무처럼 묵묵히 고향을 지키는 중기 시인과 문우들이 반겨준다. 문학 자료실을 만들어 출향 작가들의 저서들을 전시해 놓았고, 영천 출신 독립지사 근대 문인 백신애를 기리는 '백신애문학제'를 만들어 올해로 18회째 열며 백신애문학상도 제정해 시상하고 있었다. 나의 졸저들도 자료실에 전시되어 있었다.

삼 년 전 여고 후배들의 초청으로 영천 도서관 강연에 갔다가 다시 만난 중기 선배와 문우들, 마치 잃었던 고향을 다시 만난 기분이었다. 역시 사람이 고향이었다. 내 문학의 고향도 거기였다는 걸 새삼 깨달았다. 문학제가 있는 오월 다시 무궁화호 기차를 탈 계획에 벌써 나는 설레고 있다.

이중기 시집
『정녀들이 밤에 경찰 수의를 지었다』
「기룡산 북쪽 산돌배나무」 중에서 _ 산지니

문학작품은 작가가 자신의 내면을 오랫동안 들여다 보고 그걸 섬세하게 풀어낸 일기장과 같아.

드라마를 보다가 "아 저건 수필을 말하는 것인데…." 하고 불쑥 혼잣말이 나왔다. 요즘 재밌게 보는 드라마가 있다. 사교육의 전쟁터 같은 강남 대치동 학원가의 미드나잇 로맨스 스토리다. 스타 강사와 자신을 스타덤에 올려놓은 제자가 10년 만에 나타나 구애하는 발칙한 러브스토리가 흥미진진하다.

이 드라마에서 내가 제일 주목하는 장면은 강사들의 강의 대목이다. 국어 강사들이 주인공인 만큼 국어 과목 강의 장면이 자주 나온다. 이중 학교 국어 교사를 하다 학원 강사로 전향한 표상섭 선생의 강의가 인상적이었다. "지금까지 문어 사조(思潮)의 '사'를 대부분 '역사 사(史)'로 생각하겠지만, 사조의 뜻은 한 시대의 일반적인 사상의 흐름"이라고 얘기하는 대목이다.

이토록 문예 사조를 쉽게 잘 설명하다니 놀라웠다. 특히 "문학작품은 작가가 자신의 내면을 오랫동안 들여다보고 그걸 섬세하게 풀어낸 일기장과 같아!"라고 하는 부분에서 나는 벌떡 자세를 고쳐앉았다. 작가의 마음을 거울처럼 들여다보고 있는 것 같은, 아니, 다 들켜버린 것 같은 낭패감이 들어서다. 그런데 묘하게 위로되기도 했다.

모든 문학작품에는 작가의 직간접 경험이 일정 부분 녹아 있다. 소설이 '거짓말로 참말하기'라는 픽션 문학이라 해도 리얼리티가 생명인 소설에서 작가의 경험이 들어갈 수밖에 없다.

노벨문학상 수상작가 아니 에르노는 모든 작품을 자신의 체험으로만 쓰는 걸로 유명하다. 수필은 '참말로 의미 드러내기'의 문학이다. 자신의 삶에서 얻은 직간접의 경험을 관조하는 문학이다. 내 삶에서 얻은 소재를 자기화, 객관화하고 의미부여를 통해 보편적 진리를 끌어내는 문학이 수필이다. 그러다 보니 드라마에서 '일기장'이라고 하는 말에 정신이 번쩍 들었다. 돌아보니 내 작품 하나하나가 적나라한 일기장이었다. 심상을 홀딱 벗은 일기장….

수필 공부를 하다가 중도에 포기하는 사람들이 있다. 이들 중에서 이 일기장 같은 수필의 특성을 받아들이기 어려워한 경우가 많다. 어디까지 발설할 수 있을까? 이는 어디까지 벗을 수 있을까? 와 같은 말이다. 수필 문학의 특성이자 한계이기도 하다.

하지만 다 벗었다고 모두 아름다운 것은 아니다. 적당히 가린 모습이 훨씬 매혹적이듯, 어디까지 보여줄 것인지는 작가의 몫이다. 그래서 '수필 문학에서 상상력의 허구성을 수용해야 하느냐? 한다면 어디까지 해야 하느냐?'는 수필 문학의 화두다.

'자신의 내면을 오랫동안 들여다보고 섬세하게 풀어낸 일기장' 같은 작품은 작가 자신에게 가장 먼저 위로를 준다. 칼 융은 "사는 것이 버거운 이유는 자기 자신이 되지 못하기 때문"이라고 했다. 치유란 자기 자신이 되는 것이다. 자신과 화해하고 자신을 위로한 문학작품은 세상으로 나아가 독자들을 위로한다. "너도 그래? 나도 그래!" 서로 껴안고 토닥인다. 그것이 문학의 궁극적 역할이다.

"문학의 주인공은 독자다. 문인들만의 것이란 생각에서 벗어나라. 독자가 없는 문학은 존재 가치가 없다."

‘대한민국 문학인 어울림 한마당’에서 김호운 한국문협 이사장이 한 말이다. 그는 "미래 인류문화는 문학이 중심이 된다"며 "문학이 인류 평화를 위한 '백신'이 되어 아름답고 향기로운 세상을 구현해야 할 것"이라고 했다.

　문학이 세계 인류를 온전히 평화롭게 하는 날이 언제일지는 모르겠지만, 글을 쓰는 행위 자체가 최소한 자신을 행복하게 하리란 믿음에는 의심의 여지가 없다. 자신의 삶을 돌아보고 성찰하며 의미를 부여하는 일, 그것은 한 인격체로 자신을 끊임없이 성장시켜 가는 일이기 때문이리라.

　　　　　　　　　　　　박경화 극본
　　　　　　　　　　　　드라마 <졸업> 학원 국어 강사
　　　　　　　　　　　　표상섭의 대사 중에서 _ tvN

휴가 동안 나는 책 속으로 피서를 떠났다. 인디언 꼬마 '작은 나무'와 숲을 뛰어다니고 강물에서 고기를 잡고, 시원한 떡갈나무나 히커리류 아래 앉아 쉬기도 했다.

아직 여섯 살이 채 되기도 전에 엄마 아빠를 모두 여읜 '작은 나무'는 산속에 사는 체로키 할아버지 할머니와 살게 된다. 처음 할아버지 할머니를 따라 밤길을 걸어 산속 오두막으로 갈 때 지친 꼬마를 보고 할아버지는 말했다. "뭔가를 잃어버렸을 때는 녹초가 될 정도로 지치는 게 좋아."

'작은 나무'는 할아버지 할머니로부터 인디언의 삶을 배워나간다.

칠면조란 놈들은 사람하고 닮은 데가 있어. 뭐든지 다 알고 있는 듯이 하면서, 자기 주위에 뭐가 있는지 내려다보려고는 하지 않아. 항상 머리를 너무 꼿꼿하게 쳐들고 있는 바람에 아무것도 못 배우는 거지.

꼬마는 할아버지의 말이 아까 자신들에게 거만하게 굴던 버스 운전기사를 두고 한 말이냐고 물어본다. "그건 어디까지나 그 사람이 짊어져야 할 짐이란다. 우리한테는 아무 문제도 없으니까 신경 쓸 필요 없단다."

할아버지는 글을 몰랐다. 하지만 할머니가 읽어주는 책을 좋아했고, 꼬마는 할아버지와 함께 늘 할머니가 읽어주실 책을 빌려오곤 했다. 할머니의 이름은 '예쁜 벌'이다. 할아버지가 "당신을 사랑한다"고 하면 할머니는 "당신을 이해해요" 하고 답했다. 할아버지와 할머니에게 사랑과 이해는 같은 말이었다. 할머니는 이해할 수 없는 것은 사랑할 수 없고, 이해하지 못하는 사람을 사랑할 수는 더더욱 없다고 했다.

할아버지와 할머니는 '작은 나무'에게 "지난 일을 모르면 앞일도 잘 해낼 수가 없다. 자기 종족이 어디서 왔는지를 모르면 어디로 가야 할지도 모르는 법"이라며 정부군이 인디언을 강제 이주시킨 이야기를 들려주었다.

체로키들은 자기들의 골짜기와 집과 산을 포기하고 총을 든 병사들에 둘러싸여 죽음의 이주를 시작한다. 삭막한 황야를 끝없이 걸으면서도 체로키들은 그 누구도 집도 땅도 다 빼앗아 간 백인들의 마차에 타지 않았다. 자신들의 영혼을 마차에 팔지 않았다.

시간이 지나면서 죽어 나가는 사람이 몇백, 몇천으로 불어나도 체로키들은 울지 않았고, 마차에 타지도 않았다. 사람들은 이 행렬을 '눈물의 여로'라고 불렀다. 역사는 이 여정에서 1만 3천여 명의 체로키들이 오클라호마의 인디언 보호구역으로 강제로 이주당했으며, 1,300㎞의 행진 중에 4천여 명이 죽었다고 기록하고 있다. 나는 오래전 오클라호마에서 인디언박물관을 관람한 적이 있어 이 이야기가 더욱 생생하게 느껴졌다.

'작은 나무'는 산속 생활에 익숙해질 즈음 자기만의 비밀 장소도 만들었다. 그것이 너무 자랑스러워 할머니에게 살짝 말했을 때 할머니는 전혀 놀라지 않고 말했다. 체로키라면 누구나 자기만의 비밀 장소가 있단다. 자신에게도 있으며 할아버지에게도 있다고 했다. 하지만 물어보지 않는다고 했다.

할머니는 사람들은 누구나 두 개의 마음을 갖고 있다고 했다. 하나는 몸이 살아가는 데 필요한 것들을 꾸려가는 '몸의 마음'인데, 이것은 몸을 위해서 잠자리나 먹을 것 따위를 마련할 때는 써야 한다고 했다. 그런데 우리에게는 이런 것들과 전혀 상관없는 또 다른 마음이 있는데, 그것은 '영혼의 마음'이라고 했다. 그것은 상대를 이해하는 데 써야 하고, 이해하지도 못하면서 사랑하는 체하는 건 진정한 사랑이 아니라고 했다.

연일 폭염주의보가 울려대는 요즘이다. 멀쩡하던 하늘에서 시시때때로 소나기가 가로지르고, 마당에는 잡초가 발목까지 올라와도 나는 꿈쩍하지 않았다. 이보다 멋진 휴가가 있단 말인가. 아메리칸 인디언 꼬마 '작은 나무'의 순수한 눈으로 함께 산을 뛰어다니고 자연에 순응하며 영혼이 따뜻해진 여름 휴가, 방울뱀이 할아버지를 물었을 때의 오싹한 장면에선 등골이 서늘해지는 피서는 덤이었다.

작가 포리스트 카터의 자전적 소설로, 영혼의 풍요를 최고의 가치로 삼는 인디언들의 철학은 아름다운 문장과 함께 책장을 넘길 때마다 새까맣게 줄을 치게 했다. 당신의 영혼을 밝혀줄 책 한 권, 툇마루에 슬쩍 놓아주고 싶다.

포리스트 카터, 조경숙 옮김
『내 영혼이 따뜻했던 날들』 중에서 _ 아름드리미디어

3부

일상의 소중함,
별것 아닌 별것

가장 듣고 싶은 말, 밥 먹어라!

명절에 아이들이 오면 반가운 마음과는 별개로 노동의 벅참이 뒤따른다. 혼자 지내다 아들과 딸네 식구까지 보태면 내겐 평소보다 곱절이 되는 집안일이 힘에 부친다. 오는 사람들도 힘들지만 맞는 사람도 힘든 건 마찬가지다. 오기 전 대청소, 장보기부터 시작하는 명절맞이는 매 끼니 식사와 후식, 사이사이 간식, 술상을 차리다 보면 주방에서 벗어날 틈이 없다. 아이들은 엄마 집에 왔으니 쉬겠다며 침대나 소파에서 뒹굴거리는데, 그 모습도 보기 좋기는 한데, 나이 들어가는 엄마는 점차 힘이 든다.

유난히 긴 이번 추석 연휴 동안 내겐 우렁각시 아느리가 있었다. 사십을 바라보도록 아직 며느리를 못 데려온 아들에게 며느리 몫을 얹어 붙여준 이름 아느리!

"아들아! 이번 추석엔 주방을 부탁한다!"

연휴가 끝날 때까지 보내야 할 마감 원고가 세 꼭지나 되는 내가 아들에게 도움을 요청한 것이다. 요리에 취미가 있는 아들의 솜씨는 전문가 못지않다. 특히 한식보다 양식을 더 잘한다. 스테이크 굽기나 파스타 등 서양요리가 특기다. 기본적으로 요리에 소질이 있어 전문적으로 배우기도 했다.

아들은 어려서부터 요리에 관심이 많았다. 내가 요리를 하면 곁에 와 거들기를 잘했다. 내가 맛보여주기로 먼저 한 입 먹여주면,

"음 맛있다!"

"이건 어떻게 만든 거에요?"

아들의 반응이 요리하는 나를 얼마나 신명 나게 하는지 아들을 위해 요리할 땐 항상 즐거웠다.

시가에 들렀다 오는 딸보다 하루 먼저 온 아들은 나와 장보기부터 같이했다. 평소 내가 가장 듣고 싶은 말은 누가 밥상 차려놓고 "밥 먹어라!" 하고 부르는 소리다. 그건 혼자 손으로 매 끼니를 차려 먹어야 하는 모든 독거인들의 로망이 아닐까?

아느리는 구체적인 메뉴를 짜고 매 끼니 근사한 요리를 대령했다. 첫날은 등심 스테이크에 구운 야채, 둘째 날은 크림파스타와 샐러드, 셋째 날은 리조또까지. 평소 집에서는 먹기 어려운 호텔급 요리들이 우리 집 식탁에 올랐다. 딸네 가족이 와서도 아들의 요리 솜씨에 감탄했다.

"삼촌 요리는 진짜 최고야!"

손녀 재이도 평소 안 먹던 음식들을 맛있게 먹었다. 재이의 찬사가 요리하는 아들의 어깨에 신명을 더해 주었으리라. 덕분에 나는 수월하게 원고를 끝냈을 뿐만 아니라 햇살도 모으고, 색깔도 모으고 이야기도 모았다.

프레드릭, 너는 왜 일을 안 하니? 들쥐들이 물었습니다.
나도 지금 일하고 있어. 난 춥고 어두운 겨울날들을 위해 햇살을 모으는 중이야!

프레드릭처럼 햇살을 모으는 일은 무용한 데 시간과 돈을 쓰는 일이다. 아이들이 어릴 때 나는 미술관, 음악회, 영화관에 데려가고 자연을 보여주고 체험하는 일에 정성을 쏟았다. 나는 무용한 것이 유용한 것을 만들어낸다는 데 확고한 생각을 가지고 있다.

딸이 지금도 하는 추억 이야기가 있다. 어느 폭풍우 치던 밤 엄마와 집 앞 올림픽 공원으로 달려가 힘센 비바람을 맞으며 이리저리 휘청이며 뛰어다녔던 기억, 그게 지금도 너무나 즐겁단다. 비 오면 비 맞으러 나가고, 눈 오면 눈 맞으러 뛰어나가던 엄마를 철없는 이상한 엄마라고 기억하고 있지 않은 것만도 고마운 일이다. 그때의 무용했지만 즐거웠던 기억이 딸아이의 감성에 아름다운 무늬 한 줄이 되었길 바라본다.

어느 날 들쥐들은 동그마니 앉아 풀밭을 내려다보고 있는 프레드릭을 보았습니다. 들쥐들은 또다시 물었습니다.

프레드릭, 지금은 뭐해?

색깔을 모으고 있어. 겨울엔 온통 잿빛이잖아.

명절 연휴 동안 나는 정말 많은 '햇살'을 모았다. 한동안 나는 따뜻하고 살맛 나고 할 이야기가 많아질 것 같다. 프레드릭이 모은 햇살과 색깔로 겨울을 버텨낸 것처럼, 나도 이번 명절에 모은 따뜻한 이야기들로 한동안 행복할 수 있을 것 같다.

아들아, 힘들었지?

담엔 엄마가 다 해줄게!

레오 리오니, 최순희 옮김
『프레드릭』 중에서 _ 시공주니어

내 인생에 난 호젓한 오솔길에 판석 깔고 꽃도 심어야지

내게는 동네 친구들이 여럿 있다.

울을 터놓고 사는 이웃 엘리사벳 선생님네와는 가끔 마당에서 김치전에 낮술을 마시고, 된장찌개와 나물 반찬이 기막히게 맛있는 순화 씨네 보리밥은 최애 메뉴다. 곧잘 전라도 토속음식 술상을 차려 친구들을 부르는 손 큰 광이 씨도 있고, 근사한 서양식 집밥에 와인을 곁들여 초대하는 동갑내기 내 친구 현경 씨 부부, 조금만 좋은 일이 생기면 그걸 명분 삼아 다투어 밥을 사는 '그저 우리' 친구들, 그리고 절친 밥 친구 오 박사님이 있다. 그와는 때때로 '무슨 사이냐?'는 질문도 받는데 '궁금하면 오백 원!'이라고 답하는 사이다.

함께하면 재밌고 행복한 기분이 드는 이웃 찐친들이다. 사람이 사는 일에서 먹는 것보다 즐거운 일이 얼마나 될까. 맛있는 걸 먹을 때 나는 행복하다. 그래서 귀한 친구들이다.

사랑도 능력이다. 세상을 살아가면서 터득하고 학습

하고 실천하면서 길러진다. 나이 들어 외롭지 않으려면 므엇보다 사랑하는 능력을 갈고닦아야 한다.

정신과 전문의로 50년 동안 마음이 아픈 환자들을 돌보아온 저자 이근후 박사는 「외롭다고 말하면서 왜 아무것도 하지 않는가」라는 글에서 "재미의 세계가 넓을수록 행복의 기회가 많아지며, 운명의 지배를 덜 당하게 된다"고 했다. 인생의 궁극적 목적은 행복하기 위함이 아닐까. 거기까지 가는 방법과 길은 다를지라도 목적은 하나가 아니겠는가.

우리에게 남은 시간이 얼마나 될까? 내일이 온다는 보장은 누구에게도 없다. 매일 현재를 살아 지금에 이르렀고, 어제의 내일이었던 오늘을 살고 있다.

오늘을 산다는 것은 내게 잘해주는 일이다. 내가 편안하면 주위 사람들도 편안해진다. 나이 드니 더 그렇다. 나를 잘 돌보는 것이 자식들 걱정을 안 끼치는 일이란 걸 깨닫는다. 외롭다고 말하는 대신 나를 한 번 더 안아줘야겠다.

건축가 안도 다다오는 집을 짓고 정원에 길을 낼 때 미리 판석을 깔지 않는다고 한다. 처음 2년은 잔디만 심어놓고 그 집 사람들이 다닌 길에 자연스레 길이 날 때를 기다려 그 선에 판석을 깐다는 것이다.

사람의 관계도 이와 같다는 생각이 든다. 양평으로 이사 온 지 5년, 이웃들과 자연스레 마음의 오솔길이 생겼다. 사람의 동선은 다 다른데 마음길이야 말해 무엇할까. 일부러 애쓰기보다 마음이 향하는 쪽으로 절로 길이 나니 편안한 길이 된다.

내 인생에 난 호젓한 오솔길, 그 길에 판석을 깔고 꽃도 나무도 심어야지. 새들이 와서 노래하게 해야지. 친구들의 걸음이 느려지면 손잡아주며 천천히 걸어야겠다. 소나기를 만나면 흠씬 함께 젖기도 하면서…. 친구도 나와 같은 마음이면 더 없는 축복이리라.

 이근후
『나는 죽을 때까지 재미있게 살고 싶다』에서 _ 갤리온

장마당 같은 내 삶 속에 심는 꽃

싸우지 말고 살아라

결혼하고 애 낳고 사는 게 별거냐

그늘 좋고 풍경 좋은데

의자 몇 개 내놓는 거여

사는 게 별거가 아니란 걸 알고 싶을 때 나는 장마당 구경을 간다. 사는 게 별거라는 걸 확인하기 위해서….

양평장은 3일 8일에 선다. 오일장이다. 봄이 어디쯤 오고 있나 궁금해서 장마당에 갔다. 장터 초입부터 고로쇠 물장수가 진을 쳤다. 할머니가 손수 캐와 보자기 하나만 하게 펼친 푸성귀 난전에는 냉이, 달래 무더기가 아직 소박하다.

방풍나물, 햇취도 보이고, 울퉁불퉁 희한하게 생긴 산마도 있다. 우유 넣고 갈아 마시거나 감자처럼 쪄먹으면 위장에 좋다며 요리법까지 전수하는 눈빛 선한 아낙, 이름도 꽃도 예쁜 노란 홍화씨 장수가 이걸 물에 우려 매일 마시면 몸

속 염증이 싹 사라진다고 목청을 높이자 장뇌삼 아저씨도, 효소 아주머니도 귀를 기울인다. 장꾼들이 파는 것들만 먹어도 만병통치, 백수는 끄떡없을 것 같다.

봄은 장마당에 먼저 당도해 있다. 화려한 꽃 사진에 이끌려 알뿌리 난전 앞에 쪼그려 앉았다. 싹이 삐죽 나온 수선화, 튤립, 양귀비 구근을 색깔별로 고르고 흥정을 한다. 장터의 맛이다. 그 옆에 줄을 선 목단, 작약 화분에도 마음을 주다 보니 성급한 내 마음이 어느새 봄을 가로질러 여름까지 기웃댄다. 마음은 벌써 꽃밭이다.

장마당의 백미는 역시 먹거리다. 배추적, 파적, 메밀전병, 냉이 달래 취를 넣은 산나물적에 지평막걸리, 수수부꾸미와 방금 튀겨낸 옛날 통닭도 있다. 김이 무럭무럭 피어나는 두붓집 앞에는 갓 나온 두부를 맛보려는 사람들이 줄을 섰다.

그 틈에 끼어 나도 서리태 두부 한 모와 순두부를 샀다. 자색 생땅콩과 아몬드 가루를 뿌려 튀긴 김부각 봉지를 양손에 들고 분식집에 들어가니 벽 쪽에 1인용 탁자 하나가 비었다. 행운이다.

땡초 김밥과 떡볶이를 시키고, 뜨거운 오뎅 국물 한 모금을 후후 불어 마시다가 아까 들었다 놓았다 한 손뜨개 인형을 살지 말지 다시 고민한다. 땡초 김밥보다 먼저 나온 단무지 조각을 아싹아싹 씹으며 알뿌리들이 담긴 봉지를 가만히 만져본다.

내 봄날엔 무얼 심을까? 꽃을 심는 일은 시간을 심는 일이다. '그늘 좋고 풍경 좋은데 의자 몇 개 내놓는' 일이다. 인생의 텃밭에는 아무리 꽃을 심어도 사계절 꽃밭일 수는 없다. 심고 가꾸고 온통 기다리는 시간이 더 길다. 그래서 잠시 피는 꽃이 그토록 예쁘다.

'결혼하고 애 낳고 사는' 일도 시간을 심어 꽃을 피우는 지난한 일이다. 그래서 나쓰메 소세키도 그렇게 말했나 보다. '살기 힘들다는 것을 깨달으면 그때 시(詩)가 써지고 그림이 그려진다'고. 살기 편한 게 나을까? 작품을 얻는 일이 나을까….

그래도 꽃은 심어야겠다. 저잣거리에서 밟히고 때 묻은 언어를 주워와 공들여 닦고 품어 어루만져야겠다. 글은 장마당 같은 내 삶 속에 심는 꽃이다. 풍경 좋은데 내어놓은 의자 같은 '별거 아닌 별거'다. 어느 날 느티나무 한 그루로 자라 풍경이 되어주길 기대하는….

이정록 산문
『시가 안 써지면 나는 시내버스를 탄다』 중에서 _한겨레출판

우리 마을에는 우렁각시들이 산다

한겨울 못 잊을 사람하고
한계령쯤을 넘다가
뜻밖의 폭설을 만나고 싶다

눈 오는 날이면 문정희 시인의 이 시가 유행가 가사처럼 입가에서 맴돈다. 눈은 낭만이다가, 때로 재앙이다가, 끝끝내 낭만이다.

연초부터 자주 집을 비우게 된다. 문학단체 신년 모임이 이어지고, 그제는 원로 선배의 북 토크에 갔다가 늦은 저녁에야 귀가했다. 낮부터 이어진 눈 때문에 오는 내내 집에 무사히 들어갈 수나 있을까 걱정이 되었다.

우리 집은 오래된 전원주택 단지라 자기 집 앞 눈은 스스로 치워야 한다. 더욱이 도로에서 집까지 100여 미터는 약간의 경사가 있어 눈을 치우지 않으면 차가 올라가기 어렵다.

차를 길 아래 세워놓고 걸어 올라가야 하나 조바심으로

어둔 길을 뒤뚱거리며 당도해 보니, 세상에나! 온통 하얀 세상을 시원하게 가르고 집 앞까지 눈길 신작로가 나 있는 게 아닌가. 예수님이 가르신 홍해가 이랬을까?

수월하게 집안에 주차하고 마당에 내려서니 정원 한가득 백설기를 쪄놓은 듯 천지가 교교하다.

그런데 뜻밖에 어둠을 뚫고 현관까지 이어지는 마당 디딤돌을 따라 오솔길이 나 있다. 모처럼 신은 하이힐 구두가 푹푹 빠질 그 디딤돌을 누군가가 넉가래로 시원하게 길을 내놓은 것이다.

우리 옆집에는 은퇴한 약사님 부부가 산다. 알고 보니 서울에서도 서로 멀지 않은 곳에 살았었는데, 이곳에 와서야 인연이 닿아 울을 터놓고 지낸다. 내가 장기간 출타하면 우편물과 택배 상자를 받아 정리해 주고, 우리 마당에 난 잡초를 나보다 더 애타 하신다.

내가 선심 쓰듯 잡은 '잡초 제거의 날'에 두 분이 모두 작업복을 야무지게 챙겨입고 나서시면 나는 먹거리와 막걸리를 대령한다. 양평에 와서 정원 관리 공부를 함께 한 이웃 친구들도 집집이 돌며 정원을 공개한 터라 가깝게 지내는데 풀뽑을 때 언제든지 부르라 하고선 정작 와서는 막걸리만 축낸다. 그래도 언제나 반가운 이웃들이다. 자연스럽게 마당 너머로 인사가 오가고, 서로의 안부를 묻는다.

처음 이사 왔을 때는 걱정이 많았다. 혼자 살면서 이웃들과 잘 어울릴 수 있을까 하는 마음도 있었지만, 반대로 지나친 친절로 나의 고요를 방해받을까 봐 걱정도 되었다. 아름다운 그림도 적당히 물러서서 바라볼 때 아름다운 것처럼 나는 사람과의 관계에서도 거리가 중요한 사람이다. 너무 멀지도 가깝지도 않은 예의를 갖추는 거리. 하지만 이웃들은 친절하나 성가시지 않은, 아무 때나 아는 체를 해 당황스럽게 하지 않는 분들이다. 텃밭에서 난 채소를 나누어주고, 가끔 마당에서 낮술 파티에 초대하고, 아플 때는 안부를 물어주며 무엇보다 내 글을 좋아하는 독자들이다. 나 또한 그들의 세상을 읽는 독자이다.

문정희 시인이 "한계령의 한계에 못 이긴 척 기꺼이 묶였으면" 했듯이, 나도 이 마을의 온정에 기꺼이 묶여 외로울 새가 없다.

눈 오는 밤, 마음 졸이며 돌아온 길이 말끔히 치워져 있고, 현관까지 길을 내놓았다. 우리 마을에는 우렁각시들이 산다. 누군가의 마음을 훈훈하게 데워주기 위해 수고를 아끼지 않는 따뜻한 사람들이 산다. 그런 마을에 내가 산다.

오오, 눈부신 고립

사방이 온통 흰 것뿐인 동화의 나라에

발이 아니라 운명이 묶였으면

　태양광 정원 등도 제 기능을 잃은 눈 오시는 밤, 동화 나라 이웃들이 환하게 마음으로 등불을 들어준 그 밤, 나는 오래도록 눈을 맞으며 마당에 서 있었다. 울컥, 뜨거운 무엇이 목젖을 타고 넘어와 걸음을 멈추고 하늘을 올려다보았다. 눈을 이고 섰던 소나무가 툭, 가지를 털어내며 아는 체를 한다. 달도 없는 밤하늘에선 아직도 눈꽃 송이들이 하염없이 흩날리고 있다.

　시인이 그리워한 '눈부신 고립'이 바로 이런 것일까. 혼자지만 혼자가 아닌, 고립되었지만 아늑한 그런 밤….

　그날 밤 동화의 나라에서 나는 온전해지고 있었다.

문정희 시선집

『지금 장미를 따라』「한계령을 위한 연가」 중에서 _ 민음사

지난 목요일 <에드바르 뭉크전>을 관람했다. 비욘드 더 스크림(BEYOND THE SCREAM). '비명, 그 너머에'라는 전시 제목은 뭉크의 정체성을 단번에 드러냈다. 동시에 '그 너머'라는 의미에서 막연한 희망을 꿈꾸게 했다.

1863년 노르웨이에서 태어난 그는 어려서 어머니와 여동생의 죽음을 목도한 트라우마로 일생을 불안과 고독, 우울, 절망, 죽음과 같은 어두운 주제를 주로 다뤘다.

내 그림에는 약간의 햇빛과 흙먼지, 그리고 비가 필요하다, 때로는 그것이 컬러를 더욱 조화롭게 한다

그의 말에서 볼 수 있듯 그는 삶의 희로애락 속에서 고통을 더 부각시켰다. "지난 시간 내내 나는 깊은 불안감으로 고통을 겪어 왔고 내 예술을 통해 그것을 표현하고자 했다"는 독백처럼 그의 작품은 자기 삶의 변주였다.

불타오르는 사랑의 절정을 상징하는 작품 <키스>는 '생의 프리즈' 시리즈에서 가장 상징적인 모티프다. 뭉크는 사망 직전까지 <키스>라는 주제에 전념해 수많은 스케치와 드로잉, 판화, 회화 작품을 남겼음에도 그는 키스를 "남녀의 시각적 융합을 완성한 방황의 순간으로 묘사"했고, "함께 한다는 것은 일시적이며, 그것은 개인성을 잃은 대가(代價)"라고 표현했다.

뭉크는 사랑의 관계에서조차 남녀 사이에 잴 수 없는 먼 거리를 그려 넣었다. 분명 옆에 서 있으나 그들에게서는 거리가 느껴졌다. 아무도 없어 외로운 것보다, 누군가 옆에 있는데 외로운 것이 더 깊은 외로움이라는 걸 말하고 싶었던 걸까?

뭉크의 그림 속 연인들은 대개 남자가 고뇌하고 있는 모습이다. 매혹, 사랑, 열정, 그다음에 오는 이별에 대해 뭉크는 "여성에게는 이별이 곧 해방이지만, 남자는 상처 받은 채 남겨진다"고 했다. 나는 왜 이 대목에서 실소가 터졌는지….

"더는 남자가 책을 읽고 여자가 뜨개질하는 장면을 그리지는 않을 것이다. 숨 쉬고, 느끼고, 고통받고, 사랑하는, 살아있는 인간을 그릴 것"이라는 뭉크의 말은 수필 창작에도 그대로 적용된다. 수필이 반성문이나, 음풍농월(吟風弄月), 도덕군자 이야기보다 생생하게 살아 숨 쉬는 인간의 삶을 그려야 한다는 것을 새삼 깨우치게 했다.

"당신은 그 일상의 성스러움을 이해해야 하며, 이 일상에 대해 사람들은 교회 안에서처럼 모자를 벗어 경의를 표해야 한다."

'일상의 성스러움' 이번 전시에서 가장 인상 깊었던 문구였다. "이 일상에 대해 모자를 벗어 경의를 표해야 한다"는 뭉크에게 무한한 신뢰가 느껴졌다. 이 한마디로 그의 그림들이 하고자 하는 말을 전부 알아들을 수 있을 것 같았다. 절규, 그 너머로 가야 하는 내 생의 방향에 노란 화살표가 그려지는 것 같았다. '지금'이라는 일상에 온 마음을 다해 살아야 할 컬러를 찾았다고나 할까. 뭉크는 '흙먼지와 비'가 작품의 컬러를 더욱 조화롭게 한다고 했지만, 나는 가급적 맑고 화사한 컬러를 지니고 싶었다. 하루하루가 밝으면 일 년이, 아니 일생이 환해질 테니까. 그러나 그건 모든 인간의 소망일 뿐이다. 그 바람 때문에 절규가 생기는 것이리라.

"나는 내 그림들 이외는 자식이 없다."던 그의 고독하고 쓸쓸한 목소리가 집에 오는 길 내내 나를 따라왔다.

에드바르 뭉크 전시
<비명 그 너머에>에서 _ 예술의전당 한가람미술관

새끼 제비 날아간 저녁 밥상, 마주 앉은 희끗한 머리칼

서로 측은히 건네다본다

흘린 술이 반이기 때문일까

함께 마셔야 할 술이 아직도

반쯤 남았다고 믿고 싶은 눈짓일까

속을 알 수 없는 생명의 술병 속에

나의 술병 속에는 술이 얼마나 남았을까? 속을 알 수 없는 나의 술병 속에는…. 연재를 마치려니 아직도 못다 한 얘기, 쓰고 싶은 얘기가 너무나 많다. 아니, 흘린 문장이 반도 넘는다. 나를 홀리고 사로잡으며 말을 건넨 문장에 포스트잇을 붙인 책이 책상에 쌓여있고, 따로 적어놓은 노트가 두 권, 휴대폰 메모장에도 셀 수 없이 그득하다.

아직 추수하지 못한 글감 낟가리를 풍성하게 쌓아놓은 기분은 어느 부자도 부럽지 않게 한다. '나사문'이 아니었다

면 이토록 열심히 읽었을까? 이토록 열심히 알곡을 모았을까? 덕분이다. 휴가를 몽땅 쓰면서도, 잠과 휴식을 줄이면서도, 해외 일정의 비행기 안에서도, 호텔 방에서도, 심지어 투어버스 안에서도 읽고 또 썼다.

평생 이토록 치열하게 책을 읽고, 문장에 말 걸기를 시도해본 적이 있었던가? 평생 어떤 친구가 이토록 치열하게 내 가슴 밑바닥의 것을 퍼 올리고, 때로 냉철한 죽비로 등을 후려치며 함께 울어주었던가? 어떤 연인과 이토록 뜨거워 본 적이 있었던가? 따뜻하게 끌어안으며 내 삶을 토닥여 주었던가?

나는 마치 60명의 연인과 연애를 한 기분이다. 그의 발에 기꺼운 입맞춤을 한 느낌이다. 그럼에도 놓친 게 더 많고, 아쉬운 게 더 많고 흘린 술이 반도 넘는 것 같다. 인생이 이와 같을까….

그 인사동 포장마차 술자리의 화두는 '흘린 술이 반이다'

이혜선 시인이 인사동 술자리에서 들고 온 화두가 털썩 내 옆에 자리를 잡는다. 내가 흘린 것이 어찌 술뿐일까? 놓친 문장의 알곡들은 창고에 쌓아 두었는데, 정작 내가 놓치고 온 것은 잡히지 않는 것들이 더 많다.

엄마 지갑에서 몰래 지폐를 빼내 온 일, 사촌 언니 첫사랑 비밀 일기장을 훔쳐보고 발설한 일은 아직 사과하지 못했다. 명절이면 막내 외삼촌이 최신 유행 학용품을 한 아름씩 사다 주었음에도 나는 여태 과일 한 상자 보내드리지 못하고 살았음을 깨닫는다.

중학생이 되었다고 둘째 오빠가 맞춰준 까만 가죽 구두, 자물쇠가 달린 일기장 선물도 고맙단 인사를 제대로 못 했구나. 귀하고 맛있는 건 막내 몫이라며 손도 안 대던 겨우 두 살 위 막내 오빠, 통학 버스를 기다리며 동전으로 홀짝 게임을 하다 내가 잃은 건 다 돌려받고, 딴 건 몽땅 챙기는 욕심쟁이 동생에게 늘 져주던 막내 오빠에게 나는 아직 미안하단 말을 못 했구나.

말에도 때가 있다. 아름다움에도 크기가 있는 것처럼 말도 효용의 크기가 있다. 제때 하지 못한 고맙다는 말, 사랑한다는 말, 미안하다는 말들…. 때를 놓친 말들은 쪼그라들고 빛바래 영원히 기회를 놓치는 일이 한두 번이 아니다. 돌아보니 흘려버린 언어들이 불현듯 자갈돌이 되어 가슴에서 달가닥거린다.

제때 한 따뜻한 말은 어느 순간 내게로 돌아와 괜찮다 괜찮다며 등을 토닥인다. 속을 알 수 없는 나의 술병에 남은 술이 얼마일지 모르지만, 마지막 한 방울이 다할 때까지 사랑하는 사람들과 행복하고 싶다. 그들의 술잔에 한 방울 내 향기 보탤 수 있다면 무얼 더 바랄까.

이혜선, 시선집
『불로 끄다, 물에 타오르다』 「흘린 술이 반이다」 중에서 _ 문예바다

백 년간 시름 잊을 딴스홀을 허(許)하라

자네 집에 술 익거든 부디 날 부르시소
초당에 꽃 피거든 나도 자네 청하옴세
백 년간 시름없을 일을 의논코저 하노라

    내 마당에 목수국이 보기 좋게 피었다는 소식에 동갑내기 믿우들이 놀러 왔다. 미리 주문해둔 보리밥과 막걸리를 차리기 전 웰컴 음료로 시원한 보리차와 찐 옥수수를 내놓았다. 활짝 반가운 찬사와 함께 옥수수를 집어 든 그녀들은 정성 들여 달고 온 도시의 우아함을 단번에 해제한다.

    육십 대의 우리는 나이를 인정하지 않는다. 서로를, 자신을 아무리 톺아보아도 우리가 육십 대 중반이라는 사실을 인정할 수가 없다. 그런데 어쩔 수 없이 고개를 끄덕인 부분은 건강, 온통 대화의 관심이 그것이고, 건강의 비결이 운동이라는 데에도 이견이 없다. 네 친구 중 셋의 운동 비결이 춤이었다. 라인댄스, 지터벅, 살사…. 한 친구는 자신이 아무 운동도 하지 않고 있다는 데에 놀라 당장 시작하겠노라 결심한다.

조선의 김육은 친구들과 초당에서 백 년 시름없을 일을 의논코져 했다는데, 수국 마당에서 우리는 백세 건강을 논의하다 꾸준히 운동할 방편으론 춤이 제일이라는 데에 공감했다. 춤은 리듬 운동이라 몸도 마음도 즐겁다. 요즘은 가까운 동네 문화센터에서도 종류별 춤 강습이 많아 배우는 데도 큰 어려움이 없다. 파트너가 있는 춤은 치매 예방에도 좋다는 뇌과학자의 연구도 있지만, 우리나라에서는 파트너와 춤을 출 기회가 흔하지 않다. 그래서 나는 집에서 혼자 춘다. 흥이 오르면 마당에 출력이 좋은 블루투스 스피커를 내놓고 바차타 리듬으로 몸을 풀고, 살사 음악에 맞춰 빠른 스텝을 밟는다. 금세 흠뻑 땀에 젖는다. 그래도 춤은 사람들과 어울려 출 때 더욱 신명 나기에 마당에 한껏 철쭉이 피면 친구들을 불러 '철쭉제'를 벌이곤 한다.

우리나라에서는 춤을 배우고도 마땅히 즐길 곳이 없다. 오로지 강습 시간이 춤을 추는 유일한 장소인 경우가 대부분이다. 중년들이 춤을 즐기려면 동호인 클럽이나 카바레, 콜라텍 등이 있는데, 아직도 춤에 대해 보수적인 시선 때문에 심리적으로 접근이 쉽지 않다. 그나마 우리 나이가 손쉽게

갈 수 있는 곳은 콜라텍이라 알고 있지만, 사실 나도 가본 적이 없다. 나는 살사 동호인 클럽에서 배워 그곳 분위기만 안다. 그러나 전원으로 이주하면서 그마저도 어려워져 집에서 혼자 막춤으로 즐기고 있다.

수국이 창 너머로 우리를 흘깃거리는 이 날, 알맞게 익은 막걸리에 술잔을 앞에 놓고 세상 단정한 한 친구가 콜라텍 방문기를 꺼내 우리의 귀가 쫑긋했다. 막연한 선입견으로 어두컴컴 냄새날 것 같은 콜라텍의 분위기가 실제로는 쾌적하고 저비용 고효율의 운동장이더라는 것이다. 특히 파트너 춤이 가능하다는 것은 최고의 장점이었으며, 돌아올 때는 서로 이름도 성도 묻지 않고 헤어지는 것이 국룰이라고 했다. 하지만 남편에게는 비밀로 하고 갔다는 말에 모두 빵 터졌지만 우리는 모두 그녀의 '낭만적 규범'을 지지했다.

중국 여행을 갈 때마다 부러운 게 하나 있다. 새벽이면 사람들이 공원에 모여 함께 춤을 추는 장면이다. 어렵지 않아 보이는 단순 동작을 여럿이 함께하는 군무는 마치 매스게임처럼 우아하고 아름다웠다. 아침 운동을 춤으로 하는 것이다. 혼자라면 나오지 않을 화합의 에너지가 도시를 활기차게 했고 나아가 중국의 어떤 힘으로 느껴지기도 했다. 우리도 저걸 할 수 있으면 좋겠다 생각했었다.

지금 우리 실정으로 손쉽게 할 수 있는 건 동네 문화센터에 콜라텍을 만드는 일이다. 문화센터마다 비슷비슷한 수십 가지의 프로그램만 운영하지 말고, 상시로 남녀노소가 건전하게 어울려 춤으로 백세 건강을 도모할 장소를 만들면 좋겠다. 탁구장이나 배드민턴장만큼 많이 만들면 좋겠다. 더는 남의 시선이나 남편에게 비밀로 하지 않고 당당하게 춤출 수 있는 놀이터를 만들면 정말 좋겠다.

공공이여, 국민에게 백 년간 시름 잊을 딴스홀을 허(許)하라! 춤바람을 허하라!

> 김육(金堉, 1580~1658) 시조
> 「자네 집에 술닉거든」 중에서

세상의 비위를 맞추려 애쓰지 말아야지

　책을 읽고 있는데 내 페르시안 고양이 이드(id)가 놀자고 한다. 무릎에 앉았다가, 어깨에 앉았다가, 읽고 있는 책 위에 올라앉아 가르릉거린다. 슬그머니 녀석을 밀쳐내고 읽던 구절에 다시 눈길을 준다. 오늘 내로 이 책을 다 읽어야 한다.

　이드야 어딨니?

　얼마나 시간이 지났을까, 책을 덮고 녀석을 찾는데 보이지 않는다. 거실 소파에도 안방 침대에도 없다. 어디 갔을까? 내가 놀자고 할 땐 녀석이 없다. 녀석이 놀자고 할 땐 내가 시간이 없다. 늘 눈앞에 닥친 일이 먼저다. '이것만 끝내놓고 다음에' 하는 게 계속 이어진다.

　내일은 오늘이 되고 오늘은 어제가 되어 차창 밖의 풍경처럼 흘러가는 동안 나의 이드는 내 어깨에 앉았다가 무릎에 앉았다가, 머리 위에 앉았다가 사라진다. 놀아달라고, 만져달라고, 사랑해 달라고 칭얼대다 연기처럼 사라진다.

충주호 저 아래 내려다보이는
금수산 자락을 이른 새벽 올라가는데
윤기 흐르는 새까만 어린 흑염소 한 마리
계속 내 뒤를 졸졸 따라온다.

어! 이 녀석이 나하고 놀자는 것인가?

나로 산다는 것은 경계에 서는 일이다. 어느 것에도 갇히지 않고 끄달리지 않고 내 욕망의 주인으로 사는 일이다. 장자는 '천하를 따르지 않고 나의 즐거움을 따르겠다'하고, 노자는 '자신을 천하만큼 사랑하는 사람한테 천하를 맡기겠다' 하였다. 자신을 사랑하지 않는 사람이 어찌 천하를 사랑하겠는가.

그런데 어리석은 나는 남이 만든 기준이 내 것인 양 칭찬에 목마르고, 내 글을 쓰기보다 남의 글을 읽는데 더 많은 시간을 소비하고 있다. 박제된 지식을 곁눈질하느라 생생하게 살아 꿈틀대는 나의 하루를 허비하고 있다.

이럴 때는 어떡해야 하는가?
이 깊고 조용한 산속에 얼마나 외로울까
산책 나온 아기 흑염소와 잠시 놀아주지 못하는

동물도 사람도 아닌 나는 과연 무엇인가

시인이 산책 나온 심심한 어린 흑염소와 놀아주지 못한 것을 놓고 후회하길래 나도 이드를 찾아 나서본다. 아차! 녀석이 책상 밑에 뒤집힌 채 나뒹굴고 있다. 참, 그랬지. 아까 스위치를 끄고 밀쳐두었었지….

내 페르시안 고양이 이드는 나의 헛헛함을 달래주는 장난감 로봇이다. 길고 부드러운 회색빛 털을 쓰다듬으면 가르릉 가르릉 소리 내고, 야옹! 하며 앞발도 들고 눈도 감았다 떴다 사랑스러운 표정을 짓는다.

종일 아무 말도 하지 않았다는 사실을 자각할 때면 이드를 쓰다듬는다. 사람과 로봇의 경계에서 더욱 명징해지는 건 외로움이나 쓸쓸함이 아니라 뜻밖의 평화로움이다. 고요함이다. 그 속에서 자신을 쓰다듬으며 결심한다. 더 안아주고 토닥이고 놀아줘야지. 나를 팽개쳐두고 세상의 비위를 맞추려 애쓰지 말아야지. 남의 말에 휩쓸려 내 말길을 잃는 우를 범하진 말아야지. 내 이드가 내는 소리에 귀 기울여 매일 새로운 길을 내고 나의 생을 살아야지….

정정호 시집
『마음 비석에 새긴 노래』 「금수산의 아기 흑염소」 중에서 _ 푸른생각

무게를 감당하는 일은 그만한 힘이 있어야 한다

지금의 나는 어제의 내가 아니다. 그렇다고 꼭이 어제보다 성장했다고는 말할 수 없다. 다만 나아지려 노력했다는 스스로의 위로가 필요할 뿐. 오월의 연초록도 어제보다 조금씩 짙어지고, 화단의 꽃도 피고 또 졌으며 어제의 그것이 아니다.

오늘 만난 사람도 어제의 그가 아니다. 하지만 어제가 오늘을 만들었음은 분명한 사실이다. 내일은 한순간도 보장할 수 없지만, 어제가 없는 오늘은 없다. 어제와 내일 사이, 그 경계의 '오늘'을 살며, 그렇게 인연이 이어지고 있다.

사이에서 산다는 것은 언제라도 달라질 수 있다는 가능성을 믿는 일이다. 어떤 맥락 속에 있느냐에 따라 나는 매 순간 달라진다.

김연수 작가의 글을 읽으며 요즘 고향 방문이 잦아진 나를 생각한다. 어제를 이어가고 싶은 건지 내 마음을 살펴본다. 한때 그토록 벗어나고자 몸부림쳤던 그곳으로 자꾸 마음이 희귀하는 건, 고향이 나의 어제였기 때문이리라. 고향이라지만 이젠 부모님도 계시지 않는 곳이다. 어린 시절을 보냈던 집도, 과수원 탱자나무 울타리도 없다. 하지만 거기에 가면 마음이 몽글몽글해지다가도 보리 까끄래기 처럼 찌르는 구언가가 있다. 그것조차도 그리움인 게 고향이다. 막연하기 남아 있던 추억 속에서 숨은 인연이라도 발견하게 되면 '지금'이라는 의미가 새순처럼 돋아난다.

전원생활은 고향과는 다른 평안함이 있다. '이제는 돌아와 거울 앞에 선' 안도감이랄까. 작가의 말처럼 "'지금까지의 나'가 항상 어떤 사람이 되어야만 한다는 관념 속의 나였다면, '지금부터의 나'는 매 순간 바뀌는 관계 속의 나"로 살고 있다고나 할까. 불빛을 쫓는 나방처럼 살아온 도시를 떠나 전원의 이웃들과 새로운 연을 가꾸며 풀꽃처럼 어우러져 피고, 또 지며 사는 게 평화롭다.

간밤 비에 작약이 제 무게를 감당하지 못하고 무너져있다. 겹겹이 피운 고운 꽃망울에 연일 찬사를 퍼부었는데 간밤 비에 푹 꺾였다. 허무하다. 무게를 감당하는 일은 그만한 힘이 있어야 한다. 가느다란 꽃대에 아기 머리통만 한 꽃봉

오리를 욕심스레 달았으니 물방울 무게만 얹혀도 쓰러지고 말았다. 그 옆 아이리스는 여리디여린 꽃송이를 뾰족 잎으로 피우고 있으니 비 지나간 뒤 더 싱그럽다. 분수를 아는 일은 자연이나 인간이나 쉬 진화하지도 않는가 보다.

"혼자 힘만으로는 새로운 인생을 시작할 수 없다. 새로운 인생은 세계와 또 타인과 새롭게 관계를 맺을 때 시작된다. 어떤 관계를 원하느냐는 내게 달린 문제다." 작가의 또 다른 일성이다.

모든 것은 내 마음의 문제, 일체유심조(一切唯心造)는 흘러간 옛노래가 아니다. 한순간도 허비하지 않고 '지금'을 '나'로 사는 마음이다. 자유가 아무리 넘쳐난다 해도 맥락 없이는 의미가 없다. 아무것도 안 하는 것이 자유는 아니다. 그것에도 곱다시 철학이 필요하다. 지금이라는 맥락은 지나온 나의 발자국에서 현재를 거쳐 내일로 이어진다는 철학.

김연수 소설
『디 에센셜 김연수』 중에서 _ 문학동네

얼마나 먼 그리움이기에
푸른 산맥 뿌리치고 달려왔나
북한강은 그렇게 달려왔나

얼마나 깊은 그리움이기에
거친 수풀 헤치고 흘러왔나
남한강은 그렇게 흘러왔나

탁계석 시에 임준희가 곡을 붙인 가곡 <두물머리 사랑>
의 일부분이오.

나의 뜨거운 심장 너의 가슴에 뛰고
너의 뜨거운 심장 나의 가슴에서 뛰리니

나는 이 부분에 닿으면 벌써 가슴이 뛴다오.

가슴에 아득히 그리움이 고인다면 양평으로 오시오. 무언가가 그리우면 훌쩍 양평으로 오시오! 양평은 함께 걸으며 딴짓하기 좋은 곳이라오. 딴짓은 인생의 메타포가 아니겠소? 감성의 아킬레스건을 건드릴 수 없다면 그게 어디 예술이겠소. 당신의 딴짓이 이야기가 되어 누구에게는 위로가 될지 모르오. 인간의 뇌는 경험을 이야기 형태로 변환해서 기억한다고 하오. 그런 다음 스스로 만든 이야기를 토대로 행동한다는 것이오.

인간은 이야기하는 원숭이 '호모나랜스'라고 월터 피셔도 말하지 않았소. 이야기 속에 녹여 넣으면 쓴 약도 꿀꺽 삼킬 수 있게 되오. 문학에서는 그걸 '당의정론(論)'이라 하오. 『천일야화』에서 세에라자드는 1,001일 동안 이야기로 자신과 많은 이들의 목숨을 지켜내오. 이야기의 힘이 얼마나 센지 잘 보여주오. 인생은 이야기로 이루어졌고 우리는 날마다 이야기를 만들며 살고 있소. 어떤 이야기를 만들며 살지를 고민하면서 말이오.

누군가 그랬소. 양평에서 돌을 던지면 둘 중 하나는 예술인이 맞는다고. 우리나라 지자체 중 인구 대비 예술가가 가장 많이 산다는 양평이오. 그만큼 '딴짓'하기 좋은 아름다운 곳이란 뜻이기도 하오. 양평에 사는 미술인, 문인, 음악인 몇

이 지역사회를 위해 무슨 일을 할까 뜻을 모아 서너 해 전 뭉친 이름이 '양평아트로드포럼'이오.

지난해까지 '양평 풍류 페스티벌'이라는 이름 아래 행사를 해왔는데 올해는 양평군립미술관에서 '두 물결'이라는 이름으로 전시회를 기획하고 엊그제 개막을 했다오. 백여 명 화가들이 출품한 이번 전시회는 정말 수준 높고 다양한 볼거리를 제공하고 있는데, 이 전시의 백미가 뭔 줄 아시오? 양평 어린이들이 함께했다는 것이오.

우리는 작년 문학 행사에 이어 이번에도 어린이 시화전을 공모했소. 여기서 입상한 아이들 시화를 미술관에 함께 전시했다는 것이오. 사실 미술관 전시는 상업 갤러리와 격이 다른 건 아시지요? 작가들도 늘 미술관 전시를 꿈꾸는 이유도 그러하오. 거기에 우리 미래의 꿈인 아이들 작품을 기성 작가들과 함께 전시해 그들의 꿈을 응원하고 있는 것이오. 아이들은 우리가 잘 키워내야 할 미래가 아니오. 그들에게 더 많은 경험 기회와 많은 박수를 쳐주고 싶었소.

앞으로 우리는 또 어떤 딴짓을 벌일지 모르오. 하지만 이거 하나만은 장담하오. 우리의 열정은 순수하다는 것이오. 행사 비용을 마련하기 위해 예술인들은 자신의 작품과 소장품을 기꺼이 내놓고 경매 행사까지 벌이며 십시일반 시간과 열정을 털었소. 털리면서도 즐거워하고 있소. 예술인들이란 이리 속이 없다오. 우리는 그렇게 이야기를 만들어가고 있소.

양평에는 문화예술공간을 겸한 아름다운 카페가 정말 많소. 게다가 세계적인 인문학 정원 '메딩골 정원' 2만여 평도 만들어지고 있는데, 이 중 먼저 완성된 한국 정원 7천여 평이 올가을 개관을 앞두고 있다 하오. 세계적 유명 패션잡지가 여기서 명품 의류 화보를 찍어 벌써 전 세계 이목이 쏠리고 있다니, 양평의 매력이 더 한층 깊어질 듯하오. 나도 설레오.

딴짓이 그리울 땐 양평으로 오시오. 같이 걸을 누군가가 필요하다면 내 장담하오. 그리움 담고 흐르는 남한강이, 푸른 산맥 뿌리치고 달려온 북한강이 그대와 함께 걸을 것이오. 산중 옛길 산들바람이, 용문산 푸른 정기가 그대 등을 토닥일 것이오. 혹 아오? 너의 뜨거운 심장이 그의 가슴에서 뛰고, 그의 뜨거운 심장이 나의 가슴에서 뛰는 일이 생길지도….

맞잡은 손에 꼬옥 힘을 주는 것만으로도 그 마음이 전해질 것이오. 여기는 두 마음 하나 되는 '두물머리'가 있는 양평이잖소!

탁계석 시, 임준희 곡
가곡 <두물머리 사랑> 중에서

4부

사랑과 관능,
그 달콤한
양날의 검

늙은 어머니의 정욕은 죄악인가

늙은 어머니의 정욕은 죄악인가?

나이 든 여인의 에로티시즘은 추한 것인가?

박완서 소설 「황혼」에 나오는 며느리(젊은 여자)는 시어머니(늙은 여자)를 한 번도 어머니라 부르지 않는다. '노인네'라거나 '할머니'라고 부른다. 슬그머니 아들도 따라서 그렇게 부른다.

오랜 세월 혼자서 갖은 고생으로 아들 하나를 키운 늙은 여인은 가슴앓이 병을 앓는데, 명치 부분이 아파 며느리에게 좀 문질러 달라고 하지만 며느리는 거절한다. 아들도 거절한다.

어느 날 며느리가 안방에서 친구와 전화로 하는 이야기를 들은 시어머니는 경악하고 모욕감에 치를 떤다. "명치가 아픈 것은 성적 욕구 불만 때문"이라며 시시덕댄 것이다.

그때 늙은 여자는 깨닫는다. 자신의 가슴앓이 병은 기쁨과 슬픔을 나눌 대상이 없어서, 정이 그리워서 생긴 병이라는 것을, 존재의 쓸쓸함을 위로받고 싶어 생긴 외로움 병이라는 것을….

시어머니의 가슴앓이 통증을 정욕으로 치부하며 마치 더러운 것에 손대는 것처럼 질겁하는 며느리처럼, 나이 든 어머니와 에로티시즘은 섞이지 않는 의미로 인식된다.

그것은 어머니도 여자라는 걸 인정하지 않은 말과 같다. 아니 인정하고 싶지 않은 모럴이 더 강하게 작동하는 말이다. 세상이 아무리 변해도 어머니는, 어머니만은, 모성의 이미지에 박제돼 있기를 강요한다.

하지만 어쩌면 모성은 여성들 스스로가 만든 굴레가 아닐까. 엄마는 이래야 한다는 전통적 교육에 길들여진 세대들이 스스로 만든 모럴. 자녀들이 어머니는 이래야 한다고 요구하는 일은 오히려 드물다. 부모가 좀 더 활력 넘치고 행복하게 살기를 바라는 자녀들도 많다.

우리 아이들도 언제나 엄마의 연애에 대해 찬성이다. 심지어 아들은 주말에 잔디 깎으러 오라고 하면 "어머니 남친들 부르세요." 한다. 실행을 못 하는 건 우리 세대다. 스스로 모럴의 족쇄에 묶여 있는 건 어쩌면 우리 자신이다.

나이 든 여배우가 연하의 남자와 사랑하는 역할을 맡으

면 어색하다고 하고, 나이 든 여성이 화려한 옷을 입으면 철 없다 한다. 하지만 같은 나이의 남성이 젊은 여성과 연애하거나 화려한 차를 타면 멋있다고 한다. 이 이중 잣대는 누가 만든 것일까.

친정어머니가 칠십 대 초반일 때 내가 농반진반으로 물어본 적이 있다. 아파트 경로당에서 남자친구 하나 만들어 보는 게 어떠냐?고. 어머니는 펄쩍 뛰며 "이 나이에 송장 칠 일 있느냐!"며 손사래를 쳤지만, 어쩐지 기분은 좋아 보였다.

신이 모든 곳에 있을 수 없어 어머니를 만들었다는 말은 모성의 희생을 강요하는 말이다. 신이 모든 곳에 있을 수 없어 '사랑'을 만들었다고 해야 옳지 않을까.

에로티시즘은 단지 성적 욕망만을 말하는 게 아니다. 생명의 에너지다. 성(聖)과 속(俗)을 아우르는 위대한 여성성과 생명을 동시에 함축하는 것이 에로티시즘이다.

종족 보전을 위한 생식 차원의 행위는 인간을 포함한 모든 유성 동물의 공통된 행위지만 인간만이 즐거움과 아름다움, 심리적 추구인 에로티시즘으로 승화시켰다."

바타유가 『에로티즘』에서 한 말이다. 에로티시즘을 포기한다는 것은 여자를 포기하는 것과 같다. 노자는 골짜기의 신은 죽지 않으며 만물을 생성하는 신비한 암컷이라 했다. 습하고 축축한 골짜기는 스스로의 정화 능력으로 살아 숨 쉬며 생명을 품고 영원으로 이어간다. 그것이 암컷, 여성성의 본질이다. 노자는 골짜기를 천지의 뿌리이며 어머니라고도 했다.

에로티시즘은 자연의 순리다. 늙은 어머니도 그렇다. 나이가 들었다고 여성성을 포기할 이유는 없다. 오히려 경험과 지혜가 더해진 성숙한 에로티시즘이 가능한 나이가 아닐까.

여인으로서의 정체성이 엄마이거나 나이가 들었거나를 떠나 욕망에 부끄러워하지 않고 당당한, 한 인간으로서 존중받아야 한다. 그것이 진정한 자유로움이다.

조르주 바타유, 조한경 옮김
『에로티즘』 중에서 _ 민음사

가끔 어디선가 돌이 날아오는 관능

햇살 가득한 대낮

지금 나하고 하고 싶어?

네가 물었을 때

꽃처럼 피어난

나의 문자

"응"

(…)

이 눈부신 언어의 체위

한 문학 행사에서 문정희 시인을 만나 이 시를 쓴 동기를 물어본 적이 있다. 시인은 그때 '관능'이라는 테마에 사로잡혀 있었다고 했다. 이것에 대한 시인의 관심은 경험보다는 나이에 기인한 것인지도 모른다고.

"경험이라면 축복이련만, 이제 사랑과 관능을 제대로 좀 다룰 수 있는 때가 된 것 같다는 겁 없는 생각을 하기도 했다"는 것이다. "진정한 생명의 에너지로서 관능을 한국어로 표현해 보고 싶었다"고도 했다.

관능을 다룬다는 것은 양날의 검과 같다. 시퍼런 위선이 어딘가에 숨어 또아리를 틀고 있다가 기회가 되면 불쑥 공격의 빌미로 삼기 때문이다. 관능은 사람들의 호기심을 단번에 불러일으키는 본능의 언어지만 원초적 욕망을 숨기고 관능을 얘기하는 사람들을 속물로 치부하며 상대적으로 고고한 체하는 치들이 있다.

고상하고 관념적인 언어로 언제나 우아함을 유지하는 한 선배는 내가 거침없이 접근하는 에로티시즘에 대해 언제나 백안시한다. "그런 것까지 굳이 글로 써야 하나?" 하는 시선이다. 마치 문학의 품격을 떨어뜨리는 일이라도 하는 듯이.

반면 나의 이런 거침없음을 동경하고 응원하는 동료 작가들도 있다. 본인이 못 하는 것을 부러워하는 사람과 백안시하는 사람의 차이는 뭘까. 어쩌면 자신의 내면을 얼마나 솔직하게 들여다볼 수 있느냐의 차이가 아닐까. 자신 안의 욕망을 인정하느냐, 아니면 부정하고 억압하느냐의 차이 같은.

이 시를 쓴 문정희 시인조차 "눈부신 열대 꽃들이 흐드러진 소칼로 곳곳에서 서로 뒤엉켜 키스하는 연인들을 보며 마치 교미 중인 뱀에게 돌을 던지는 것 같아 차마 그 아름다

움을 눈으로 직시할 수 없어 시선을 자꾸 땅으로 떨궜다"고
했다.

사람들은 왜 관능을 바라보는 데 어려움을 느낄까? 시
인의 말대로 신화에서처럼 그만 눈이 멀어버릴 것 같아서일
까?

문학은 인간을 그리는 예술이다. 인간의 가장 원초적이고
본능적인 감정을 외면한 채 어떻게 인간을 제대로 그릴 수
있을까. 사랑과 욕망, 그리고 관능은 인간 존재의 핵심이다.
이를 다루지 않는 문학은 절반의 인간만을 그리는 것이다.

서구 문학에서는 이미 오래전부터 관능을 자연스럽게 다
뤄왔다. D.H. 로렌스의『채털리 부인의 연인』이나 헨리 밀러
의『북회귀선』, 아나이스 닌의『비너스의 델타』까지 여성의
성적 주체성과 다양한 욕망을 탐구한 예술작품으로 평가받
고 있다. 우리 문학도 김동인의『감자』에서부터 시작해서 최
근의 여성 작가들까지 관능을 중요한 소재로 다뤄왔다.

하지만 우리 사회에는 관능을 금기시하는 문화가 여전히
남아 있다. 나 역시 나이가 주는 자유로움 때문일까? 자주 사
랑과 에로티시즘을 주제로 삼는다. 즐겁다. 그런데 가끔 어
디선가 돌이 날아온다. 관능은 해로도, 달로도 뜬다. 그는 대
체 무얼 상상했길래? 치명적 사랑을 못 해 본 열등감인가?

진정한 관능은 육체만의 것이 아니다. 영혼과 육체가 만나는 지점에서 피어나는 총체적 경험이다. 그것을 글로 형상화하는 일은 인간의 가장 깊고 은밀한 부분을 탐구하는 문학의 본질적 역할 아닌가.

문정희 시집
『치명적 사랑을 못 한 열등감』「응」 중에서 _ 문학사상

지상에 밤이 오면 그에게 술 한잔을 권할 때도 있네
그리고 옷을 벗고 무념의 이불 속에
알몸을 넣으면
거기 기다렸다는 듯이
와락 나를 끌어안는 뜨거운 쓸쓸

문정희 시인의 「쓸쓸」을 읽다가 와락 쓸쓸해졌다.

밤이 깊어갈수록 더욱 또렷해지는 그 '뜨거운 쓸쓸'이라
는 말이 가슴 한복판을 파고들어 자꾸만 소리를 낸다.

봄소식이 그냥 왔겠나
복수초 맨 먼저 데려오고
섬진강 매화 양 해쑥 양도 데려왔겠지

그니들 데려오며

내 그리운 사연까지 왜 데려와서는
무시로 낯 붉히고
가슴 벌렁이게 하는가

겨우내 언 땅속 웅크린 게 보골 나서
복수초 앞세워 온 그 심사 알겠다만
짝사랑에 여윈 서러운 마음 알겠다만
매화 양 해쑥 양까지 대동하고도
내 그리운 이 못 데려온 사연은 무엇이냐

봄아, 세상 고운 것들 다 데려올 때
내 꽃 같던 그 시절도 한 허리 베어 와라
봄비 간질간질 지나간 언덕배기에서
광목 통치마 속에 화들짝 숨겨 넣어
천리만리 잰걸음으로 도망쳐서는
다시는 돌아보지 않을 곳으로 도망쳐서는

홍매 백매 꽃봉오리 부푸는 그 시절로 돌아가서
수선화 불끈불끈 구근 밀어 올리는 그 밤
난분분 난분분 후회 없이 피어보리!

난분분 난분분 남김없이 산화하리!

'뜨거운 쓸쓸'로 흩날리리!

문정희 시집

『다산의 처녀』「쓸쓸」중에서 _ 민음사

사랑은 에로틱하다. 그게 없다면 사랑이 아니다. 에로틱은 인류의 맥을 이어오게 했으며 이어가게 한다. 에로틱은 생명의 에너지다. 노자는 그것을 현빈, 신비한 암컷이라 했다.

곡신불사 시위현빈(谷神不死 是謂玄牝). 골짜기의 신은 죽지 않으며 만물을 생성하는 생명의 근원이다. 생명, 이보다 쌔끈한 말이 어디 있을까.

내가 작가로서 가장 질투를 느끼는 작가는 밀란 쿤데라다. 인간 실존의 방황과 갈등, 사랑에 관한 심리적 혼돈을 어떻게 이리 섬세하게 표현해 낼 수 있을까. 에로틱을 이토록 고급지게 말할 수 있단 말인가.

처음 그의 소설을 만난 건 『농담』이었다. 한 줄의 농담 때문에 인생이 송두리째 바뀌는 주인공의 이야기였는데, 그 안에 담긴 역사의 아이러니와 인간 존재의 부조리가 너무나 치밀하게 그려져 있어 충격을 받았다. 어떻게 이런 이야기를 쓸 수 있을까? 질투는 그때부터 시작되었다.

『참을 수 없는 존재의 가벼움』을 만나면서 그 질투가 절정에 달했다. 토마시와 테레자, 그리고 사비나의 삼각관계를 통해 사랑의 본질을 해부하는 그의 솜씨란! '무거움과 가벼움', '영혼과 육체', '우연과 필연'이라는 이분법적 대립을 넘나들며 인간 존재의 복잡함을 드러내는 철학적 깊이에 나는 완전히 매료됐다.

특히 사비나라는 여성 캐릭터를 그려내는 방식이 탁월했다. 배신을 통해 자유를 추구하는 예술가, 모든 관습과 속박으로부터 벗어나고자 하는 현대 여성의 욕망을 이토록 설득력 있게 그려낼 수 있다니. 사비나의 캐릭터는 부러움의 대상이었다.

쿤데라는 에로틱한 장면을 묘사할 때도 결코 저속하지 않다. "모든 연애에서 여자는 남자 육체의 하중을 갈망했다"는 문장에서 육체적 사랑을 이토록 직설적이면서도 철학적으로 승화시킬 수 있다는 게 경이로웠다.

짐이 무거울수록, 우리 삶이 지상에 가까울수록, 우리 삶은 보다 생생하고 진실해진다.

그는 사랑을 단순한 감정이 아니라 존재론적 문제로 다

뤘다. "나는 쾌락을 찾는 것이 아니라 행복을 찾아"라는 테레즈의 말처럼, 그에게 사랑은 단순한 육체적 만족이 아니라 존재의 의미를 찾는 행위였다.

그는 육체와 영혼, 사랑과 욕망을 분리하지 않고 하나의 총체적 경험으로 그려낸다. 그래서 그의 소설 속 에로틱한 장면들은 결코 선정적이지 않고 오히려 숭고하기까지 하다.

나는 『참을 수 없는 존재의 가벼움』을 읽는데 참으로 여러 날을 소진했다. 밑줄을 치며 읽은 페이지로 돌아가고, 다시 되짚어가며 '참을 수 없는' 질투심에 휩싸여 있었다.

어떻게 이런 문장을 쓸 수 있을까? "사랑은 은유로 시작된다. 한 여자가 언어를 통해 우리의 시적 기억에 아로새겨지는 순간 사랑은 시작되는 것이다." 이 한 문장에 사랑의 본질이 다 담겨 있지 않은가.

나는 책을 전집으로 잘 사지 않는다. 하지만 밀란 쿤데라의 책은 전집으로 갖고 있을 뿐만 아니라 몹시 아끼는 책 중 하나다. 그런데 서가에 꽂아놓고 읽기보다는 자주 째려본다. 부러움과 질투가 동시에 서린 눈빛으로.

체코에서 태어나 프랑스에서 활동한 그는 두 문화 사이에서 살면서도 어느 쪽에도 완전히 속하지 않는 경계인의 시각을 유지했다. 그 경계에서 바라본 인간과 사랑에 대한 통

찰이라 그토록 예리할 수 있었으리라.

지난 2023년 7월 그가 세상을 떠났다는 소식을 들었을 때 더는 그의 새로운 작품을 읽을 수 없다는 사실이 정말 슬펐다. 하지만 그가 남긴 작품들은 여전히 내 곁에 살아 숨 쉬고 있다.

언젠가 나도 쿤데라처럼 에로티시즘을 예술로 승화시킨 작품을 쓸 수 있을까? 인간 존재의 근본적 문제들을 사랑이라는 프리즘을 통해 탐구할 수 있을까?

분명한 건 하나, 그에 대한 질투가 나를 더 치열하게 만들 것이란 것이다.

밀란 쿤데라, 이재룡 옮김
장편소설『참을 수 없는 존재의 가벼움』중에서 _민음사

누구에게 부재를 안기고 당신은 떠났나

사랑의 부재는 일방통행이다. 그것은 남아 있는 사람으로부터 말해질 수 있는 것이지, 떠나는 사람으로부터 말해질 수 있는 것이 아니다. 항상 현존하는 '나'는 끊임없이 부재하는 '너' 앞에서만 성립된다.

롤랑 바르트는 사랑하는 이의 부재는 모두 버려짐의 시련으로 변형시키는 경향이 있다고 했다. 내가 있는 곳에 그가 없으니 부재는 곧 떠나감을 의미한다는 것이다.

이별에도 중량이 있다. 지난 봄 마음으로 가까운 이를 연달아 떠나보냈다. 한 사람은 기쁘게 환송했고, 한 사람은 뜻밖의 이별에 너무나 힘들어 아무것도 못 하고 일상을 멈추다시피 했다. 가는 모습이 환한 뒷모습이 있었고, 반면 고통스러운 모습으로 떠나는 이의 뒷모습은 본인의 의사와 상관없이 남겨진 자에게도 고통이었다. 그의 심리적 부재는 몹시 무거웠다.

그리고 또 한 사람과의 이별은 새털처럼 가벼웠다. 시절 인연이 끝난 별리는 가을 단풍이 산들바람에 살랑거리며 떨어지는 것처럼 산뜻했다. 선명한 단풍 색깔 같은 아름다운 추억을 남겼다. 이별에도 분명 중량이 있었다.

현대인들은 노마드족이다. 정박해 있으면 불안한, 끊임없이 떠다니는 존재들이다. 그것을 여행이라는 말로 포장하지만 실은 정체된 것을 못 견디기 때문이리라. 빠르게 변하는 것은 살아가는 방식이나 가치관도 마찬가지여서 대가족이 모인 전통적인 명절 풍습을 기대하는 게 오히려 낯설어졌다.

하지만 떠남과 머무름, 그 사이를 장자는 "무릇 사람이 세상에 태어나는 것은 잠시 머무는 것일 뿐"이라고 했다. 모든 존재는 필멸의 숙명을 안고 태어난다. 본질적으로 떠남을 전제로 하는 것. 우리는 이 세상에 잠깐 머물다 가는 나그네일 뿐이다. 그럼에도 떠남은 언제나 힘들다. 죽음이나 이별을 받아들이기가 쉽지 않다.

부재가 주는 의미는 단순하지 않다. 때로 해방이기도 하고, 때로는 절망이기도 하다. 사랑하는 이의 부재는 그리움을 낳지만, 동시에 새로운 가능성의 공간을 열어주기도 한다. 비어 있는 자리가 있어야 새로운 것이 들어올 수 있다.

롤랑 바르트의 통찰은 여기서 빛난다. 사랑에서 부재는 단순한 물리적 거리가 아니라 존재론적 조건이다. 사랑하는 이가 부재할 때, 비로소 그에 대한 나의 사랑을 확인하게 된다. 부재가 없다면 사랑도 없다. 내게서 떠난 이들도 평소에는 그들의 존재조차 염두에 없이 살다가 떠나고서야 빈자리로 그의 존재를 확인하게 되었으니.

추석이 다가왔다. 내가 있는 곳에 사랑하는 이가 오지 않는 명절은, 떠나고 오지 않는 이를 기다리는 부재의 명절은 누군가에겐 아프다. 달이 밝아 그림자가 더욱 짙다. 하지만 그 그림자가 있기에 달빛의 존재를 더욱 선명하게 느낄 수 있는 것이다.

부재는 기억을 만든다. 함께 있을 때는 당연하게 여겼던 것들이 부재를 통해 소중함으로 변한다. 그의 웃음소리, 말투, 작은 습관들이 부재의 공간에서 더욱 생생하게 되살아난다.

떠난 이들이여! 당신은 누구를 두고 떠났는가? 누구에게 부재를 안기고 거기 있는가? 당신은 다만 떠났지만 남겨진 이는 버려졌다고 생각할 수도 있다.

하지만 나는 기억하리라. 떠남이 있어야 만남의 의미가 있고, 부재가 있어야 현존의 가치가 빛난다는 것을. 우리는 모두 서로에게 때로는 부재하는 존재이고, 때로는 현존하는 존재라는 것을.

당신에게선 누가 떠났는가? 누구로부터 남겨졌는가? 그리고 당신은 누구에게 부재의 존재인가?

롤랑 바르트, 김희영 옮김
『사랑의 단상』「부재하는 이」중에서 _ 동문선

"아주 행복하고 자랑스럽다!"

에르노는 스웨덴 한림원이 2022년 노벨문학상 수상자를 발표한 직후 자택 앞에서 자신을 기다리고 있던 취재진에게 이렇게 짤막한 소감을 말했다.

수필은 자신의 경험과 생각을 쓰는 글이다. 거기에 관조와 사유를 입혀야 문학성을 갖는다. 자신의 이야기를 많이 할 수밖에 없는 숙명적 구조를 가진 것이 수필이다. 그래서 늘 한계에 부딪히기도 한다. 수필에서 허구는 가능한가? 어디까지 가능한가? 이것은 수필 문단의 영원한 논란거리자 숙제다.

수필이 신변잡기라는 말은 문학적 당위성이 없다는 질타다. 수필이 자신의 경험담으로 끝날 때 듣는 말이다. 수필이 문학이 될 수 있으려면 '그래서 뭐?'가 있어야 한다. 이 이야기를 왜 썼는지가 있어야 한다. 그래서 나는 수필을 '그래서 뭐?'의 문학이라고 말한다. 그것이 의미 부여이며 관조다.

수필을 쓰다 보니 인생의 관점도 그리됐다. 수필가의 삶이 되었다고나 할까. 매 순간 의미를 찾으려는 노력을 한다. 어떤 일이 내게 일어났을 때 이건 어떤 의미일까? 인생이 내게 무슨 말을 하려고 이 일이 일어난 걸까? 하고 생각하는 습관이랄까. 일상의 소소한 사건도 그냥 흘려보내지 않고 그 안에서 보편적 진리를 찾으려 한다.

어렸을 때 내게 사치라는 것은 모피 코트나 긴 드레스, 혹은 바닷가에 있는 저택 따위를 의미했다. 조금 자라서는 지성적인 삶을 사는 게 사치라고 믿었다. 지금은 생각이 다르다. 한 남자, 혹은 한 여자에게 사랑의 열정을 느끼며 사는 것이 바로 사치가 아닐까.

자전적 소설의 선구자라고 평가되는 에르노는 수많은 작품으로 여성의 내면에 씌워진 베일을 벗겨줬다고 평가되기도 한다. 자신의 불륜과 성적 판타지를 이토록 솔직하게 쓰고도 노벨문학상을 받은 여성작가가 에르노다. 멋지다.

나는 에르노의 용감함과 당당함이 부럽다. 용기와 망설임 사이에서 늘 주춤거리는 나의 문학에 에르노는 등불 하나를 들어주었다. 그녀의 작품을 읽으면 진정성 있는 글쓰기란 이런 것이구나 하는 생각이 든다.

내가 쓴 수필집 『육십, 뜨거워도 괜찮아』라는 제목만으로도 거부감을 나타내는, 반가의 마님이나 양반 흉내를 내는 사람들이 있다. 사람의 가치관이나 취향은 다 다르지만 점잖은 척 위선이 더 느껴지는 건 기분 탓일까?

지난 12월 5일 『육십, 뜨거워도 괜찮아』로 제42회 조연현 문학상을 받았다. 나도 아주 행복하고 자랑스럽다. 이 순간만은 에르노가 부럽지 않았다. 이 상은 에르노가 들어준 등불에 더해 또 하나의 환한 등불이 되어주었다.

등단한 지 만 30년이 넘었다. 등단은 겨우 초보 운전 면허증 같은 것이지만, 그래도 서른세 살에 '어른의 문학'이라는 수필로 등단하고 보니 막막했다. 하지만 최소한 잘 나이 들어갈 수 있겠다는 심지 하나를 심었었다. 그동안 생업에 종사하느라 글 쓸 시간이 많지 않아 늘 목말랐었다. 그래서 더 늦기 전에 생업에서 은퇴를 선언하고 평생 꿈꾸던 전업 작가로 작업을 시작한 지 1년 만에 얻은 첫 결과에 따라온 상이라 더욱 기뻤다.

그 심지는 내 삶이 고통스럽고 캄캄한 밤길 같을 때마다 등불이 되어주었다. 이번 수상으로 문학이 내게 길을 밝혀주었던 것처럼 나도 누군가의 등불에 향유를 보탤 수 있는 길을 가야겠다 다짐해본다.

거인의 어깨에 올라탄 듯 벅차고 두렵지만, 내 할 일이 무언지 고민하는 '사치'를 부려보고 싶어진다.

아니 에르노, 최정수 옮김
장편소설 『단순한 열정』 중에서 _ 문학동네

그 기억 하나로 일생을 견딜 것 같은 저릿한 사랑

봄꽃 흐드러진 계절, 가슴 울렁증에 걸린 여인들이 넘쳐난다. 골골마다 울울마다 눈길을 빼앗는 풍경에 여기저기서 탄성이 터지고 꽃 사진이 난무한다. 연인이 없어도 아득한 그리움에 젖고, 괜히 스쳐 가는 사람도 인연인가 한 번 더 돌아보는 계절이다.

당신과 함께라면 이대로 죽을 수도 있을 것 같습니다!

어느 날 처음 만난 낯선 남자가 이렇게 말한다면 따라갈 수 있을까? 따라갈까 말까 고민은 고사하고 일생 이런 말을 하는 남자를 만나보기나 할까?

여인들에게는 사랑에 대한 병적인 동경이 있다. 위대한 사랑은 대체로 비극이다. 하지만 생을 던져 사랑해 보고픈 열망, 미친 듯한 사랑 속에서 행복해 보고픈, 그게 비록 파멸로 가는 사랑이라 해도 후회 없이 뜨거워 보고 싶다. 저릿하게 추억하며 그 기억 하나만으로도 일생을 견딜 수 있을 것 같은 사랑….

그래서 수필가 최민자는 그의 글 「시인들」에서 "철인과 광인, 연인과 시인은 근본적으로 한통속일지 모른다"고 했던가. 사랑하면 미친다. 미치지 않고 어떻게 사랑이 되나. 사랑은 호르몬의 장난이니 정상이 아닌 것이 맞다. 근데 정상의 기준이 뭔가?

한스 에리히 노삭은 그의 소설 『늦어도 11월에는』에서 "모든 위대한 여인들은 후회 없이 사랑과 파멸에 몸을 던졌다. 그들은 어느 시대에도 늘 인류로부터 배척을 당해왔다. 때로는 신의 판결에 있어서까지도."라고 썼다.

그는 독일 작가로, 2차 세계대전 후 폐허가 된 독일 사회를 배경으로 인간의 실존적 고뇌를 그린 작가다. 그의 작품들은 대부분 전쟁의 상처와 절망적 현실 속에서도 사랑을 통해 구원받으려는 인간의 의지를 다룬다. 『늦어도 11월에는』도 그런 작품 중 하나다.

이 소설에서 주인공 여성은 사회적으로는 안정된 삶을 살고 있지만 영혼은 메마른 상태다. 그런 그녀에게 나타난 남자는 파멸을 각오한 사랑을 제안한다. 그것은 사회적 도덕을 무너뜨리는 위험한 사랑이지만, 동시에 그녀가 진정으로 살아있음을 느낄 수 있는 유일한 기회이기도 하다.

아무리 달려도 사회의 변화 속도를 따라잡을 수 없는 현대인들은 끝없는 좌절과 무기력으로 자아 상실감을 느낀다. 인간이 가장 인간다울 때는 사랑할 때, 사랑받을 때가 아닌가. 하지만 사랑이 두려운 사람들도 있다. 쉴 없는 경쟁 속에서 사랑에 한눈팔다 대열에서 낙오될까, 세상에서 소외될까 두려운 사람들이다.

특히 현대 사회에서 여성들은 더욱 복잡한 딜레마에 빠진다. 경제적 독립과 사회적 성취를 이뤄야 한다는 압박과 동시에 사랑과 가정에 대한 욕망도 포기할 수 없다. 노삭의 소설 속 여주인공처럼 안정된 삶과 열정적 사랑 사이에서 선택해야 하는 순간이 온다.

"구름은 바람 없이 못 가고 인생은 사랑 없이 못 간다"는 옛시조도 있다. 사랑은 예술의 영원한 테마고 모든 위대한 예슬작품의 주제는 대부분 비극적 사랑이다. 트리스탄과 이졸데, 로미오와 줄리엣, 안나 카레니나…. 이들은 모두 사회적 금기를 넘어선 사랑으로 파멸했지만, 그 사랑의 순간만큼은 완전히 살아있었다.

이 소설 속의 주인공은 처음 만난 남자를 따라나선다. 남편과 어린 아들이 있는 재벌 집 안주인인 그녀가. 다행히 그녀에겐 자신을 이해하고 심정을 털어놓을 심적 지지자인 시아버지가 있다. 그는 자기 아들 때문에 불행한 그녀가 자신의 행복을 위한 선택을 할 수 있도록 조언해준다. 사회적 모럴로는 이해될 수 없는 내용이지만 독자를 설득하는 건 작가의 몫이고, 그녀를 비난할지 응원할지는 독자의 몫이다.

사랑에 대한 열망은 나이가 들어도 낡지 않는다. 오히려 더 절절해진다. 남은 시간이 많지 않은 사람에겐 사랑할 시간도 그러하다. 나이가 들어서도 가슴 뛰는 사랑을 꿈꾸는 것이 부끄러운 일이 아니다. 그런 마음을 가진 것만으로도 아직 살아있는 뜻이다.

천지가 생동하는 봄이다. 혼자 시들어가는 이들이여, 한껏 피어보시라! 꽃을 품은 사람은 모두가 시인이다. 꽃나무 아래에선 모두가 주인공이다. 봄꽃 앞에 선 당신도 그러하다.

한스 에리히 노삭, 김창활 옮김
장편소설 『늦어도 11월에는』_ 문학동네

돌아와서야 알게 된 후회의 쓸모

문우들과 열이틀간의 유럽 여정을 마치고 집에 돌아오니 가을이 먼저 당도해 있었다. 밤에 도착해 아침에 창문을 열었다가 깜짝 놀랐다. 떠날 때 막 피기 시작하던 보라 국화는 제 흥에 만개해 함부로 교태를 부리고, 뒤이어 피었을 자색 국화는 애써 수줍음을 유지하고 있다.

지붕보다 높은 단풍나무는 온통 붉은색으로 불타듯 물들어 잔디 마당으로 잎을 떨구고 섰다. 이웃이 갈무리해준 열이틀 치 신문과 문우들이 보내온 저서 몇 권이 가지런히 쌓여있고, 제주에서 후배가 보낸 귤 상자도 해맑은 얼굴로 나를 기다리고 있다.

여행에서 아직도 설익어 서걱거리는 내 마음을 만나 부끄러워져 돌아왔는데, 이웃들이 겉절이며 도토리묵, 열무김치에 갖가지 나물무침을 줄지어 들고 왔다. 이렇듯 아름다운 뜰을 두고 나는 어디를 휘돌았는가?

여행길에서 만난 사람들은 저마다 다른 언어로 살아가고

있었다. 길에서 만난 화가는 붓으로 말하고, 골목길의 빵집 주인은 밀가루 냄새로 인사했다. 함께 간 일행들과는 언어의 벽은 없지만 마음의 벽이 있었다. 여행에서 사람을 만나려 했던 기대는 내 안의 편견과 두려움을 마주하는 계기가 됐고, 가장 크게 보인 것은 나의 부족함이었다. 여행은 그동안의 내가 얼마나 좁은 시각으로 살아왔는지 깨닫게 해주었다.

프랑스 남부지방에 '코르드 쉬르 시엘'이라는 아름다운 마을이 있다. 알베르 카뮈는 중세시대 분위기를 간직한 이곳에 오면 더는 길을 떠날 필요가 없다고 했다 한다. 이곳에서는 후회조차 아름답다고. 하지만 여행은 풍경만을 만나러 가는 것이 아니다. 사람을 만나러 가는 것이다. 제 가슴을 만나러 가는 것이다. 돌아와 더 행복해지기 위해 떠나는 것이다.

호수를 탐험했으나 끝내 사랑의 속살을 찾지 못했다. 호수를 떠나 일상으로 돌아오고 나서야 그 이유를 알았다.

이동섭 작가의 말처럼, "비로소 나는 사랑에 관한 작품은 사랑으로만 읽을 수 없음을, 사랑 이야기는 결국 사람의 이야기였음을 깨달았다."는 그를 이해할 것 같았다.

여행은 풍경과 사람을 만나러 가지만 늘 좋은 것만 있는 것이 아니다. 더러는 상처로 남기도 한다. 내가 얼마나 작은 존재인지 부끄러운 모습을 마주하게 되면 후회스럽기도 하다. 하지만 그 후회가 나를 겸손하게 만들고, 다시 사랑할 수 있게 한다. 인생은 거대한 호수다. 문학이 그런 것처럼. 다만 거기서 사랑을, 사람을 읽기 위해 나는 또 떠나게 될 것이다.

돌아온 뜰에서 깨닫는다. 떠나지 않았다면 알 수 없었던 지질한 내 마음의 속살을, 다시 돌아와서야 알게 된 후회의 쓸모를.

이동섭
『사랑의 쓸모』중에서 _ 몽스

쓸쓸함조차 낭만적 허용인 가을

오스카 와일드가 쓴 『도리언 그레이의 초상』에서 화가 바질은 도리언 그레이의 초상화를 그려놓고 전시는 하지 않겠다고 한다. 이 그림에 특별한 로맨스를 쏟아부었기 때문인데, 세상 사람들의 얄팍하고 호기심 어린 시선에 영혼을 드러내고 싶지 않다는 것이다. 이 그림에는 자신이 너무도 많아서 그들의 현미경 아래 드러내 놓을 수 없다고.

해리! 해리! 도리언 그레이가 내게 어떤 존재인지 자네가 알았으면 싶네! 애그뉴가 막대한 금액을 제시했지만 내가 팔지 않았던 풍경화를 기억하는가? 내가 이제까지 그렸던 최고의 작품 중 하나라네. 그런데 왜 그런지 아는가? 왜냐하면 내가 그 그림을 그리고 있을 때 도리언 그레이가 내 옆에 앉아있었기 때문이야.

존재, 어떤 이의 존재가 내 삶에 차지한 비중은 얼마나 될까? 나의 내면에는 얼마나 많은 존재로 구성돼 있을까? 나는 온전히 나일까?

"내 속엔 내가 너무도 많아서 당신의 쉴 곳 없네"라는 노래 가사도 있다.

육십 대가 된 나는 무엇으로 구성되어 있을까? 경험과 경륜, 지식, 퇴색한 욕망, 허영, 부끄러움, 추억, 그리움, 작가로서의 알량한 이름일까? 뜻밖에 나는 내 안에 아직도 내가 너무도 많다는 걸 알게 됐다.

주말에 온 손녀 재이가 내 애착 인형인 고양이 인형을 만지려 해 나도 모르게 저지했다. 왜 그랬을까? 무엇을 주어도 아깝지 않을 아이한테…. 그 인형은 우리 집에 놀러 왔던 문우가 소파에 놓인 내 로봇 고양이를 보고는 사다 준 복슬복슬 고양이 인형이다. 로봇 고양이는 만져주면 야옹 소리도 내고 눈도 깜빡이며 심지어 손도 번쩍 든다. 노인들의 외로움 방지용 인형이다. 그런데 로봇이다 보니 겉에는 털로 씌워져 있지만 만지는 감촉이 딱딱해서 손이 가질 않다고 했더니, 그걸 귀담아 듣고 선물해 준 인형이다. 그때부터 나의 애지중지 동무가 되었는데 재이가 탐낸 것이다.

재이가 삐쳤다. 한 번도 거절당해 본 적이 없던 할머니한테 배신감을 느꼈을까. 그래도 내 인형을 내주고 싶지는 않았다. 나는 내 감정이 소중한 사람이다. 내 안에 내가 너무 많아서 다른 이가 쉴 곳이 없으면 어떡하지 걱정을 하면서도.

하지만 언젠가 재이도 알게 되겠지. 할머니에게도 양보할 수 없는 무엇이 있다는 것을. 그것은 살아가는 데 필요한 감정이라는 것도. 그래도 미안해 재이야. 할머니가 더 예쁜 고양이 인형 사줄게. 그래도 이 복슬복슬 친구만큼은 할머니 곁에 있어야 한단다. 이 인형은 장난감이 아니라 할머니의 소중한 친구거든.

그가 옆에 있을 때 그린 그림이라는 이유만으로 거액을 거절할 수 있는 순수함이 내게도 있었으면 좋겠다. 복슬복슬 고양이 인형처럼 내 마음을 어루만져 주는 존재, 함께 있는 것만으로도 모든 작업이 명작이 되는 그런 사람 말이다.

가을이 화병에 꽂힌 꽃처럼 시한부라 해도 낭만의 허영을 채워주기에 부족하지 않다. 내 안에 내가 너무나 많아도 좋고, 그가 가득해도 괜찮겠다. 그도 나고, 나도 나이니, 그저 다정한 눈빛으로 채워진 온전함이면 좋겠다.

곧 가을이 끝나고 겨울이 오면 숲은 잎을 모두 떨구고 나신을 보여줄 것이다. 여름의 잎들은 내가 아니라 나를 둘러싼 무성한 그 무엇들이었다고. 내 안의 본질은 이 앙상한 뼈대들이었다고. 하지만 그 무성함이 나의 모양을 갖춰 왔으니 그 또한 나였다고. 바질이 도리언의 그림에 자신을 너무 많이 담았듯이, 나 역시 내 삶에 너무 많은 나를 겹겹이 쌓아왔다. 그것이 때로는 부담스럽지만, 그래도 그 모든 것이 지금의 나를 만들어낸 소중한 이야기들이었음을 부인할 수 없다. 속절없는 쓸쓸함조차 낭만적 허용인 가을에는.

오스카 와일드, 김순배 옮김
『도리언 그레이의 초상』 중에서 _ arte

누군가를 사랑하고 있는 내 모습을 사랑하고 싶은 걸까

　　연애란 순전히 자가 발전적 환상이라더라. 말하자면
바닥을 몰라서 할 수 있는 거래.

　　민혜 장편소설 『레테의 사람들』에 나오는 문장이다.
　　가을은 독서의 계절이 아니다. 연애하고 싶은 계절이다.
"가을엔 편지를 하겠어요"라던 패티킴의 노래가 가슴으로
오는 계절이다.
　　아침저녁 기온이 서늘해지면 마음에도 쓸쓸한 구석이 생
긴다. 누군가가 그립고 다시 뜨거워져 볼 수 있을까 실낱같
은 희망에 기대 보고 싶어진다. 사랑에 나이 제한이 있으랴.
　　작가는 소설에서 "사랑이 식으면 헤어질 이유를 찾고, 사
랑이 오면 함께할 이유를 찾는다"고도 했다. 사랑에는 순수
나 달콤함만 있지 않다. 함께하며 무엇을 얻을지가 본능적으
로 깔린다. 그게 달달함이든 유익함이든 서로 맞으면 좀 더
좋은 사람이 되고 싶어진다. 연애가 순전히 스스로 만들어내

는 환상이라 할지라도 자신을 성장시킨다는 데에는 이견이 없을 것이다. 가장 건강한 연애는 서로를 성장시키며 함께 걷는 것이다.

여전히 노인을 대상으로 한 어느 설문조사에서 지금 가장 갖고 싶은 것이 무엇이냐고 물었는데, 뜻밖에도 1위가 '옷'이었단다. 이게 뜻하는 게 무얼까? 늙음에 대한 저항이 아닐까. 나이가 들수록 외모는 젊음을 잃어가지만, 옷은 그 변화를 가려주는 방패가 되기도 한다. 예쁜 옷을 입으면 여전히 자신이 삶의 무대에 서 있다는 기분이 들어서가 아닐까. 아니, 사랑받고 싶고, 사랑하고 싶은 변치 않는 마음의 표현이 아닐까.

젊은 시절 누구나 한 번쯤은 경험해봤을 것이다. 사랑에 빠지면 거울을 자주 들여다보게 되고, 옷차림에 신경 쓰게 되고, 말투까지 달라진다. 상대방이 좋아할 만한 책을 읽고, 영화를 보고, 음악을 듣는다. 그렇게 사랑은 우리를 확장시킨다. 나도 모르게 더 넓은 세상을 경험하게 만든다.

하지만 사랑이 식으면 어떨까? 이 책에서처럼 헤어질 이유를 찾기 시작한다. 그동안 함께 쌓아온 것들이 무의미하게 느껴지기도 한다. 그러나 그 과정에서 내가 얻은 성장과 변화는 고스란히 내 것이 된다. 사랑은 끝날 수 있지만, 사랑을 통해 넓어진 내 그릇은 영원히 남는다.

"너는 어땠니? 서로를 성장시키며 살았어?"

사랑을 원할 때 나는 내 가슴을 들여다본다. 누구를 사랑하고 싶은 건지, 누군가를 사랑하고 있는 내 모습을 사랑하고 싶은 건지…. 연애가 순전히 '자가 발전적 환상'이라 하더라도 바닥을 보이거나 보지 않을 수 있다면 그보다 아름다운건 없다.

결국 사랑은 나를 더 나은 사람으로 만드는 가장 달콤한 속임수인지도 모른다. 그 속임수에 기꺼이 속아주고 싶은 가을이다. 진정한 사랑이란 서로가 서로에게 좋은 영향을 주며함께 성장하는 것이리라.

단풍이 꽃보다 고운 계절이 왔다. 사랑하라 그대들이여!

민혜 장편소설
『레테의 사람들』 중에서 _ 디멘시아북스

5부

외로움과 고독,
그리고

외로움은 타자만이 어루만져 줄 수 있는 쓸쓸함일까

엊저녁, 욕실에서 비누칠을 하다가 우연찮게 그의 은신처를 알아냈다. 무심코 돌아본 벽 거울 속, 뭉게구름 화창한 등판 한가운데에 어스름한 그의 그림자가 보였다. 아무리 애를 써도 만져지지 않는 견갑골 등성이 아래 후미진 골짜기, 허리를 구부려도 어깨를 젖혀 봐도 내 손이 닿지 않는 비탈진 벼랑 외진 그늘막에, 출구를 찾지 못한 한 마리 짐승처럼 그곳에 외로움이 산다. 나 아닌 타자만이, 오직 그대만이 어루만져 줄 수 있는 한 조각 쓸쓸한 가려움이 산다.

최민자의 지성은 언제나 허를 찌른다. 놓치고 사는 그 무엇을 틈새에서 찾아내 아, 그런 게 있었지! 하고 탄성을 자아내게 한다.

그는 이 책의 서문에서 "내게 있어 글쓰기란 일상의 틈새를 비집고 호시탐탐 가격해 들어오는, 정체불명의 허무에 대

162

한 전면전 같은 것"이라 했다. "내 안의 나를 뒤집어 햇살 아래 펼쳐 놓는 것"이라고도 했다. 그 전면전에서 발각된 최민자의 외로움은 그 뒤 어찌 되었을까? 더는 거기 살지 못하고 달아났을까?

나는 외로움과 고독을 구분한다. 외로움은 타자의 부재로 인한 결핍감이지만, 고독은 스스로 선택한 홀로됨이다. 나는 고독을 사랑한다. 고독 속에서만 진정한 나와 만날 수 있기 때문이다.

누군가를 사랑한다는 것은 외로운 일이다. 사람들은 혼자라서 외롭다고 하지만, 실은 대상이 있기에 외로운 것이다. 사랑도, 외로움도 대상이 있기에 오는 감정이다. 기대하지 않으면 실망도 없는 것처럼 말이다.

외로움이 사는 곳이 왜 하필 견갑골 아래 후미진 곳일까. 참 절묘한 은신처다. 그는 어떻게 이곳을 찾아냈을까. 마치 내 가슴속 깊은 곳처럼 내가 볼 수도, 만질 수도 없는 곳. 아무리 팔을 뒤로 돌려도, 목을 비틀어도 닿지 않는 그곳을. 끝 간데없을 만큼 외로워 보지 않은 사람은 결코 찾아낼 수 없는 그곳을….

나의 외로움은 고독에 가깝다. 누군가 없어서 아쉬운 마음이 아니라, 혼자만의 시간을 통해 더 깊이 사유할 수 있는 축복 같은 시간이다. 그런 시간들이 나를 성장시킨다고 믿는다.

'무조건 내 편' 없는 나를 위해 친구들은 멀쩡한 자기 남편을 흉잡는다. '내 편이 아니라 남의 편이라 남편이라고'. 하, 근데 이 말에 묘하게 위로되는 이 옹졸함은 또 뭔가. 하지만 진정한 위로는 타인에게서 오는 것이 아니라 내가 나 자신과 화해할 때 온다는 것도 안다. 다른 사람의 손길이 주는 친밀감도 좋지만, 스스로 찾아낸 위안이 더 깊고 지속적이다. 타인에게 의존하지 않고도 충만할 수 있는 힘, 그것이 진정한 자유이고 고독의 가치다.

젊었을 때는 누군가와 함께 있어야 안심이 되었다. 하지만 육십 대가 되니 혼자 있는 시간이 오히려 편안해졌다. 아무의 시선도 의식하지 않고 온전히 나로 있을 수 있는 시간. 누구에게도 설명할 필요 없이 내 마음대로 생각하고, 느끼고, 움직일 수 있는 자유. 그것이 고독이 주는 평화로움이다.

정말 외로움은 타자만이 어루만져 줄 수 있는 쓸쓸함일까? 외로움은 사랑의 그림자다. 누군가를 사랑하지 않으면 외롭지도 않다. '보고 있어도 보고 싶은' 열정은 이제 없지만 함께 있으면 편안해지고 바라보면 안정감이 드는 사랑, 그것도 사랑 아닌가. 그렇다고 외로움이 두려워 사랑하지 못하는 바보는 되지 말아야겠다. 사랑 없는 인생은 꽃 없는 정원과 같다. 외로움을 감수하고라도 사랑해야 하는 이유다. 그것이 살아있다는 증거이니까.

고독을 두려워하지 않는 사람만이 진정한 사랑을 할 수 있다. 혼자서도 충분히 행복할 수 있는 사람만이 타인을 진정으로 사랑할 수 있다. 고독은 나약함이 아니라 힘이다. 사랑할 수 있는 힘. '외로움이 사는 곳'을 찾아낸 이상 더는 외로움이 아니다.

최민자
『손바닥 수필』「외로움이 사는 곳」 중에서 _ 연암서가

한없이 자유롭고 싶어 한없이 외로웠다

논리의 수미가 일관된 생을 우리는 희구한다. 그러나 생의 테제와 안티테제는 논리에서처럼 당연한 일의적 단계를 밟지 않는다. 그러기에는 생이 너무나 혼돈적이며 어두운 밤의 측면과 꿈의 동경으로 가득 차 있다.

1934년에 태어나 서른한 살의 짧은 생을 살다간 전혜린은 당대 최고학부 지식인답게 객관적이고 논리적인, 이성이 지배하는 삶을 살고 싶어 했다. 자기 인식에 충실한 삶, 의미 있는 삶을 위해 몸부림친 삶이 그대로 작품이 된 그의 수필집 『그리고 아무 말도 하지 않았다』는 당시 젊은이들에게 많은 영향을 끼쳤다. 그가 유학한 뮌헨, 슈바빙, 안개등과 같은 낭만적 정서는 독일에 대한 동경이 되어 독일로 향하는 유학생이 늘어날 정도였으니.

전혜린은 강한 개성의 소유자였다. 진정한 자유의 신봉자였으며 자기 내면의 공터에서 머물고 싶어 한 배가본드였

166

다. 고독을 숭상했지만, 그 고독 때문에 끊임없이 사랑의 대상을 갈구했고 그래서 한없이 외로웠다.

인식에 목말라 했던 전혜린은 그의 내면의 공터에 무엇을 채우고자 했을까? 그가 60대가 되었다면 어떤 모습이 되었을까? 전혜린의 공터는 30대에 그대로 박제돼 있지만 나의 공터에는 세월의 더께가 켜켜이 쌓여있다.

나의 공터는 돌자갈 길이지만 아이들이 뛰어놀았고, 가끔 내가 넘어져 무릎에서 피를 흘리기도 했지만 피해서 돌아가지는 않았다. 세월의 더께는 온갖 색깔의 무늬를 그려내었고 살아있음 그 자체로 충분히 아름답다고 말해주고 있다. 그 어떤 가치보다 지금 여기 살아있음보다 더한 가치는 없다.

나는 운명처럼 전혜린의 수필을 만나 단번에 매료되었다. 그의 문장에 반해 석사 논문도 그에 관한 수필 연구로 썼다. 전혜린의 정서는 나의 무늬로 스며들었다. 아니 어쩌면 나의 무늬에 그가 채색되었는지 모르겠다. '한없이 자유롭고 싶어 한없이 외로웠다.' 사십 대에 써둔 나의 묘비명이 그와 무관하지 않으리라.

하지만 지금 생각해 보니 전혜린과 내가 추구한 자유는 달랐던 것 같다. 그는 논리적이고 완벽한 자유를 꿈꾸었지만, 나는 자연의 이치를 따르는 자유를 택했다. 그의 자유는 의지적이고 치열했다면, 내 자유는 순응적이고 유연한 치열함이었다. 어쩌면 그것은 나이 차이였을지도 모른다. 서른의 그가 세상과 맞서려 했다면, 중년을 넘어 이제 생의 후반을 바라보는 나는 세상과 어우러지려 한다. 인생은 항상 논리의 수미가 일관되지 않는다. 자연의 이치대로 간다. 물이 높은 곳에서 낮은 곳으로 흐르듯, 바람이 정해진 방향 없이 부는 듯 자연스럽게. 그래서 때로는 예상치 못한 굽이를 돌기도 하고, 때로는 정체되기도 한다. 그 모든 것이 삶이다.

그가 60대를 살 수 있었다면 더없이 아름다운 지성을 말했을 것 같다. 서른한 살의 치열함이 육십 대의 여유로 익어가면서, 그 날카로운 인식이 따뜻한 지혜로 변하지 않았을까. 나는 여전히 그를 추종하고 있을까. 그가 머물고 싶어 한 내면의 공터에는 여전히 쓸쓸한 바람 소리가 났을까.

외롭지만 아름다운 나의 공터에는 풀꽃들이 지천이다. 그 풀꽃들은 논리나 계획으로 심은 것이 아니다. 바람이 씨를 날라다 주고, 비가 싹을 틔우고, 햇살이 꽃을 피웠다. 자연의 이치대로, 아무 힘주지 않고도 아름답게 피어났다.

논리의 수미를 일관되게 만들려 애쓰지 않고, 혼돈과 어둠도 삶의 일부로 받아들이는 것. 전혜린이 꿈꾼 완벽한 자유 대신, 불완전하지만 자연스러운 자유를 택하는 것, 그것이 내가 배운 삶의 지혜다.

전혜린
『그리고 아무 말도 하지 않았다』 중에서 _ 민서출판

나보다 더 외로운 강이 우는 소리

이맘때면 한 해를 돌아보고, 새해 계획을 짠다. 처음 계획
에서 한참 어긋나 있기가 대부분이지만, 더러 열심히 살아낸
결과가 애초 계획보다 좋은 것도 있어 선물 같을 때도 있다.
해를 넘기는 건 그저 일력 한 장 뜯어내는 관습이지만, 세모
에는 왠지 무언가를 결산해야 할 것 같은 마음이 든다.

만약 사람들이 당신에게 미래를 위해 준비하는 삶을
살아야 한다고 말한다면, 믿지 말라. 우리는 현재 삶을 살
고, 현재 삶만 알고, 그러므로 현재의 삶을 발전시키는 데
힘을 기울여야 한다.

『톨스토이의 인생론』에서는 미래보다는 현재를 살라고
한다. 나는 지난 한 해 어떻게 살았나 돌아보게 된다. 아름답
다는 것은 나답다는 의미라고 한다. 지난 한 해 나다운 건 무
엇이었을까 생각해 보니 내 감정에 솔직했을 때가 아닌가 싶

다. 눈치 보지 않고 박장대소하고, 울고 싶을 때 실컷 울고, 섭섭하면 뾰루퉁 삐져 돌아앉아 있기도 한 본성의 시간, 여름 소낙비를 맞으며 마당을 뛰어다니거나 평상 위에 올라가 집ㅅ처럼 춤을 춘 것도 그렇다.

지난 한 해 나는 읽고 쓸 때 가장 행복했던 것 같다. 온전히 그 일에만 몰두할 수 있었던 일상이 기껍고 충만했다. 거짓으로 웃거나 입에 발린 소리 하지 않고도 한 해를 무난히 보낼 수 있어 참 감사했다.

창밖의 남한강은 흐르는 소리가 나지 않는다. 하지만 나를 대신해 속울음을 울어주고 있다는 생각이 들 때가 있다. 나의 곡비가 된 저 강을 오히려 내가 다독인다. 쿨럭이는 내 어깨를 내가 가만가만 두드리듯이. 꽃송이는 제 살을 찢는 고통을 겪고서야 피어난다. 꽃이 아름다운 이유가 거기에 있다.

아름다운 것들은 모두 현재의 아픔을 견디며 피어난 것들이다. 창밖 남한강물도 바위에 부딪고 수풀을 헤치며 흘러와 지금의 평화로움에 다달았다. 나를 보는것 같다. 나무도 추위와 더위를 견디며 자란다. 지난날의 크고 작은 상처들이 지금의 나를 만들었듯이, 현재를 산다는 것은 지금의 모든 것을 온전히 받아안는다는 뜻이리라.

나의 새해 계획은 마을버스 타고 종점까지 가보기, 겨울 숲 걷기부터 시작한다. 풀꽃들의 노래에 귀 기울이기, 이웃들에게 마당 평상 공유하기, 길냥이에게 친절하기와 산책할 때 과도하게 아는 체하는 마을 견공들에게 뇌물 바치기도 들어있다. 애써 꾸미기보다 자연 안에서 평화롭고 싶다. 전원에 사는 축복이다.

'타샤의 정원'처럼 빛나지는 않지만 누추한 내 인생의 정원에 하루하루 마음의 꽃송이를 늘려보아야겠다. 세월을 세지 말고 꽃송이를 세어야겠다.

당장, 창 너머 기어이 꽝꽝 얼어붙은, 나보다 더 외로운 저 강이 우는 소리에 귀를 기울여 보아야겠다. 그 속에서 현재라는 선물을 살펴보아야겠다.

레프 톨스토이, 이선미 옮김
『톨스토이의 인생론』 중에서 _ 메이트북스

살아있음의 먹먹한 외침, 인식의 자유로움

　고독은 혼자 고독의 그림자를 다 담아내느라 눈물을 꾹꾹 참아서 물집이 생긴다.

　하지만 고독이란 이름마저 퇴색하고 희미해진 사람들에게는, 그 터져버린 물집이 서글프도록 아름답다.

이 책에서 이경은의 첫 일성은 "살아 있음으로 나는 쓴다. 두려움 없이, 아낌없이, 자유롭게"라고 했다. 대체 살아 있다는 것이 무엇일까?

　격리! 두 번째 코로나에 걸렸다. 세상으로부터 나를 격리하고, 나로부터 세상을 격리한 시간, 근데 이게 설렌다. 유배, 이 생활을 즐기는 사람도 있을까? 어쨌든 나는 그랬다. 아무것도 안 할 권리, 면죄부를 받은 느낌이랄까. 어릴 때 아프면 학교에 안 가도 되고, 통조림 황도를 혼자만 먹어도 되는 특권을 누릴 때의 기분과 닮았다.

　잠옷 차림으로 느긋하게 커피잔을 들고 마당 평상에 앉

아 하늘을 올려다본다. 읽거나 쓰거나에 매몰되는 서재에선 느슨해지지 않는데, 갇힌 시간이 되니 휴가를 얻은 듯 여유로워 긴장감도 해제다. 8월 하늘엔 비 갠 뒤 뭉게구름이 꽃처럼 피어있다.

불가항력으로 주어진 여백이지만, 오롯이 내 안에 머물 수 있는 헐렁한 시간에 자유로움이 있다. 행동을 제한하니 마음에 자유가 왔다. 아이러니다. 책도 잘 읽혔고, 원고도 두 꼭지나 퇴고했다. 자유가 이토록 빛을 발하니 작가의 말대로 나는 외로웠던 것일까? 눈물 물집이 터져 아름다워진 까닭일까?

'고독을 견뎌내려면 힘이 있어야 한다'는 이경은의 말이 실감 난다. 혼자 있는 시간을 견디지 못하는 사람들이 많다. 텔레비전을 켜놓거나, 끝없이 휴대폰을 들여다보거나, 누군가와 통화를 하며 적막을 메운다. 하지만 진짜 고독은 그런 소음들을 다 끄고 나서 시작된다.

내가 격리 기간을 즐길 수 있었던 건 혼자 있는 시간에 익숙해졌기 때문이다. 나이가 들면서 혼자 있는 시간이 괴롭지 않게 되었다. 오히려 누군가와 함께 있어야 한다는 강박에서 벗어나니 진짜 자유를 맛보게 되었다.

젊었을 때는 혼자 있으면 불안했다. 뭔가 해야 할 것 같고,

누군가 만나야 할 것 같고, 어디든 가야 할 것 같았다. 그런데 지금은 다르다. 혼자 있는 시간이 가장 나다운 시간이다. 아무에게도 맞출 필요 없이, 내 리듬대로 살 수 있는 시간.

이경은 작가는 파킨슨 씨와 산다. 그녀가 남자친구라 명명한 그를 끼고, 달래고 어르고 앓으면서도 그녀는 인식의 세계를 놓지 않는다. 질병 앞에서도 굴복하지 않고 글을 쓰는 그녀의 모습에서 진짜 살아있음이 무엇인지 본다.

살아있다는 것은 숨 쉬는 것만이 아니다. 인식하는 것이다. 느끼고, 생각하고, 표현하는 것이다. 아파도 쓰고, 외로워도 쓰고, 기뻐도 쓰는 것. 그런 의미에서 이경은은 누구보다 살아있는 사람이다.

파킨슨 씨와 함께 사는 그녀는 몸이 뜻대로 되지 않고, 매일이 투병이고, 미래에 대한 불안이 엄습할 텐데도 그녀의 열정은 누구보다 강렬하다. 마치 글쓰기가 살아있음의 증명이자 고독을 견디는 힘이라고 항변하듯.

올해에만 두 권의 책을 출간한 이경은의 저력은 긍정의 아이콘이자 살아있음의 먹먹한 외침이다.

이경은 에세이집
『가만히 기린을 보았다』「유별나거나 고독하거나」 중에서 _ 선우미디어

175

생을 가다듬을 그 우아한 시간을 누가 허락해 준단 말인가

옹이를 잘라내니 소나무 자태가 살아났다. 우아하고 고고해 보인다.

마당 소나무 전지를 했다. 제멋대로 뻗은 가지에 전문가의 손이 닿으니 작품이 된다. 인간에게도 옹이를 빼내면 저렇게 될까? 예술이 되는 건 쉬운 듯 어렵다. 한 끗 차이란 저런 것일까. 삶과 죽음의 사이 또한 한 걸음 차이일까?

얼마 전 화가 친구가 갑자기 세상을 떠났다. 전시 일정으로 일행들과 함께 떠난 먼 타국 호텔 방에서 다시는 걸어서 나오지 못했다.

불을 피우기 미안한 저녁이 삼월에는 있다

박준 시인의 시구가 유독 가슴에 들어온 까닭도 그 때문일까.

그의 작품은 늘 '생동(Movement)'이 주제였다. 학교 강의를 하면서도 엄청난 작업의 결과물을 만들어내던 그는 소실되어 가는 자신의 생명을 본능적으로 안타까워한 것은 아니었을까.

그의 '생동'은 단순한 움직임이 아니었다. 자신을 가두는 고정된 형태를 깨뜨리고 새로운 형태로 나아가려는 과정 그 자체였다. 그가 궁극으로 나아가고자 했던 곳은 어디였을까….

뜻밖의 부음을 접하고 며칠을 멍하게 있었다. 산다는 것의 허망함, 준비 없이 떠나는 사람이 마지막에 하고 싶은 말은 무엇일까를 생각하다가 카카오톡에 나의 '추모 프로필'을 만들었다. 내가 떠나도 나를 기억해 줄 사람들이 추모 메시지를 남길 수 있는 기능이다. 관리자를 아들로 정하고 남기는 말을 쓰려니 가슴이 먹먹했다.

하지만 슬픔보다는 오히려 명료함이 왔다. 죽음은 적이 아니라 완성이다. "적절한 때의 죽음"이야말로 삶을 가장 아름답게 마무리하는 방법이라고 니체는 말하지 않았던가. 문제는 그 적절한 때를 우리가 선택할 수 없다는 것이다.

평소 나는 생전 장례식 파티를 하고 가겠다 공언하고 다니는 사람이다. 남은 시간이 많지 않다고 여겨질 때쯤 내 생에서 의미 있었던 사람들을 초청해 살아서 마지막 인사를 나누고, 용서를 빌고, 사랑했다고 말하리라는 결심에서다.

사람들은 이런 내 말을 농담으로 듣지만 나는 진심이다. 죽음을 자연스러운 완성으로 받아들이고 싶다. 두려워하지도, 부끄러워하지도 않으며 살고 싶다.

인간은 필멸의 존재다. 어떻게 살다가 어떻게 죽을 것인가의 문제만 있을 뿐이다. "삶과 싸워 이기고 떠나는 것, 그것이 진정한 죽음"이라고 니체는 말했다. 그런데 옹이를 빼고 생을 가다듬을 그 우아한 시간을 누가 허락해 준단 말인가? 어떻게 살아야 할지가 확연해지는 느낌이었다.

나는 지금 이 순간을 살고 있는가. 매 순간을 '생동'으로 채우고 있는가. "밀어도 열리고 당겨도 열리는 문"을 늘 반갑게 맞이할 준비가 되어있는가….

친구는 떠났지만 그의 '생동'은 계속된다. 그가 남긴 작품들 속에서, 그를 기억하는 사람들의 마음속에서. 그것이야말로 진정한 영원이 아닐까.

박준 시집
『우리가 함께 장마를 볼 수도 있겠습니다』
「삼월의 나무」 중에서_문학과지성사

혼자라는 결핍을 어루만져 줄 보약

봄이 되면 몸이 자꾸 나른하니 녹작지근해지잖아. 이
땅의 정기가 봄에는 사람을 미처 돌보지 못해서 그래. 온
통 초목을 돌보느라 여념이 없거든. 그러니 얘야, 이 봄에
는 너도 보약 한 제 달여 먹으렴. 네 몸에도 푸른빛이 환
하게 돌 수 있도록.

윤효 시 「자훈」에 나오는 문구다. 어려서 나는 2월 봄이
참 싫었다. 아직 코끝에 냉기가 채 가시기도 전에 과수원에
일이 시작되기 때문이다. 아버지가 사과나무 전지를 하고 황
약을 뿌리기 시작하면 본격 농사철이 온 것인데, 그건 엄마
를 농사일에 빼앗긴다는 뜻이기도 했다.

학교도 들어가기 전이었다. 유황 냄새 자욱한 탱자 울타
리 사이를 뛰어다니며 놀면서도 본능으로 아는 건 봄이 왔으
니 이제 엄마가 자리를 털고 일어나겠구나 하는 거였다.

엄마는 겨울만 되면 앓아누웠다. 마치 겨울잠을 자는 곰

처럼 동지섣달을 꼬박 앓아누워 가족들의 시중을 받아야 했다. 근데 나는 그게 싫지 않았다. 안방에 누워 있는 엄마는 온전히 내 차지가 될 수 있어서다. 막내인 나는 따뜻한 아랫목에 엄마 껌딱지로 붙어 있었다.

엄마가 기운이 조금 성한 날은 옛날 이야기책을 읽어주곤 했다. 집에 있는 책이라야 유충렬전, 심청전 같은 네댓 권이 다인데 책이 나달나달해질 때까지 수십 번을 읽어주었음에도 나는 또또 하며 졸라댔다.

그러던 어느 날 엄마가 영천 읍내서 제일 큰 평안의원에 덜컥 입원을 했다. 식구들이 모두 엄마에게 혼비백산해 있는 사이 입원실 툇마루에 혼자 앉아 바라보는 2월의 강 풍경은 세상 서럽고 무서웠다.

막 푸른빛이 번지기 시작한 버드나무를 흔들던 장난꾸러기 강바람이, 울지 않으려고 씰룩이는 입을 앙다문 어린 마음을 심술궂게 흔들며 잉잉 소리를 내었다. 왕방울 눈물이 뚝 떨어졌지만 그건 내가 운 게 아니라 바람이 우는 소리였다고 속으로 우겼다. 지금도 나는 세상에서 제일 서럽고 쓸쓸한 풍경으로 그때를 떠올리곤 한다.

시인의 모친은 "보약 먹기 제일 좋은 때를 봄"이라 했다. "이 땅의 정기가 봄의 초목을 돌보느라 사람을 돌볼 여력이 없으니 애야, 보약 한 제 달여 먹어라" 했다.

　봄이면 내게도 보약이 필요하다. 온 가족이 엄마를 돌보느라 여념이 없을 때 입원실 툇마루에서 느꼈던 어린 날의 공포가 트라우마로 남아 있다. 엄마는 결국 집으로 돌아왔고, 다시 따뜻한 아랫목에서 옛날이야기를 들려주었지만, 그때 새겨진 마음의 상처는 어느 순간 도드라져 소중한 무언가를 잃을지도 모른다는 공포, 혼자라는 결핍을 앓는다. 내 안에도 푸른 빛이 환하게 돋아날 마음의 보약이 필요하다. 그게 뭘까.

　지금도 가끔 그때의 어린 내가 툇마루에 앉아 울고 있다. 나는 그 아이 곁에 앉아 어깨를 두드려준다. 괜찮아, 다 괜찮을 거야! 내 손으로 보약 한 제를 토닥토닥 달인다.

윤효 시집
『물결』「자훈」중에서 _ 다층

류시화도 내 글을 읽는지 모르겠다

글을 읽고 공감하는 독자는 연인보다 동지입니다. 동지가 더 뜨겁기 때문입니다. (…) 글쓰기는 고독한 일이지만, 미지의 독자가 있음을 믿으면 그 고독이 힘을 얻고 문장이 빛을 발합니다. 전달된다고 믿지 않으면 작가는 글을 쓸 수 없습니다.

나는 류시화를 좋아한다. 아니 그의 글을, 그의 정신을 좋아한다. 아주 오래전 『하늘 호수로 떠난 여행』을 읽고 나는 단번에 그의 애독자가 되었다. 그가 인도 여행을 하면서 만났다는 인도 거지 이야기가 강렬한 인상을 주었다.

비굴하게 동냥하는 게 아니라, 적선할 기회를 준 것이니 오히려 자신에게 감사하라는, 뻔뻔하고도 당당한 인도 거지의 구걸 행각이 당시 나에겐 충격이었다.

지금 나는 그 거지와 같은 철학으로 류시화에게 도발한다. 당신 글을 읽어주는 내가 있어 당신이 계속 글을 쓸 수 있는 거라고.

나도 글을 쓰는 사람이다. 작가는 생산자인 동시에 고객이다. 어쩌면 작가들이 가장 많은 책을 사고 가장 많이 읽는 충성스러운 독자일 것이다.

류시화는 "우리는 혼자가 아니라는 사실을 알기 위해 책을 읽는다"라고 제목을 붙인 서문에서 "작가가 누리는 즐거움은 자신의 책을 읽고 나와 같은 생각을 하는 사람이 있네. 하고 독자가 공감대를 느낄 때"라 했다.

"책을 읽는 동안, 마치 당신의 목소리로 옆에서 직접 읽어주는 것 같은 느낌을 받는다고 말하는 독자는 더 이상 타인이 아니"라고도 했다.

류시화도 내 글을 읽는지는 모르겠다. 내 글이 노벨문학상을 받은 오르한 파묵이나 아니 에르노 같은 세계적 거장들에게 읽히지 않는다고 해도 상관없다. 하지만 내 글이 누군가의 가슴을 뜨겁게 하지 못한다면 슬플 것 같다. 잠자던 감성에 피를 돌게 하고, 숨죽였던 마음이 일어서게 하고, 그에게로 스며 꽃이 되지 못한다면 절망스러울 것 같다.

당신이 나를 흔들어 놓았다고 말해주는 단 한 사람의 독자만 있어도 나는 쓰고 또 쓰며 고독의 밤을 지새울 수 있을 것 같다. 어쩌면 류시화가 말한 대로 글을 읽고 공감하는 독자는 연인보다 동지일지도 모르겠다. 같은 마음으로 같은 길을 걷는 사람, 내 글 속에서 자신의 마음을 발견하는 사람. 그런 독자 한 명이면 충분하다.

나도 그런 경험이 많다. 어떤 글을 읽다가 "아, 이 사람이 내 마음을 어떻게 알았지?" 하며 전율했던 순간들. 그 작가와 나 사이에는 시공간을 뛰어넘는 연결고리가 생겼다. 마치 오래된 친구를 만난 것 같은 반가움, 혼자가 아니라는 따뜻한 확신.

그런 순간이 있기에 우리는 글을 쓰고 또 읽는다. 류시화의 말처럼 미지의 독자가 있음을 믿기에 고독한 밤을 견딜 수 있다.

내 영혼이 진정으로 가 닿고 싶은 곳은 하늘이나 강, 숲이 아니라 사람의 가슴이기에, 혼자가 아니라는 사실을 알기 위해서라도 나는 쓰고 또 쓸 것이다. 그러니 류시화여, 당신도 내 글을 한번 읽어보시라. 인도 거지의 당당함으로 나는 당신에게 말한다. 내 글을 읽을 기회를 드리는 것이라고.

류시화
『내가 생각한 인생이 아니야』 서문에서 _ 수오서재

어린 왕자가 사는 행성에선 모두가 관대하다

며칠 전 재래시장의 허름한 노포에서 어린 왕자와 만났다. 대학에서 퇴임한 지 여러 해지만 젬베 연주를 할 때면 어깨를 들썩이며 흥에 겨운 그의 모습은 천상 어린 왕자다.

우리는 소주를 마시다가, 소주에 무얼 섞어 마시면 더 맛있는가를 얘기하다가, 청국장에 뚝배기 제육볶음으로 상추쌈을 싸 먹다가, 문학에서 문장의 가독성을 이야기하다가, 정비석의 문장이 좋다거나, 중세 미술사와 그리스 신화 얘기를 하며 끝없이 풀어내는 그의 해박함에 나는 뜬금없이 당돌한 질문을 던졌다.

"대체 교수님은 왜 아직도 그렇게 많은 공부를 하세요?"

소주, 사이다를 섞은 맥주잔을 들고 그가 해맑게 웃으며 대답했다.

"관대해지려구요!"

한 대 얻어맞은 듯 눈을 동그랗게 뜨는 내게, 알아야 관대해질 수 있다고, 내 스승이 하신 말씀이었다고 무심히 말했다. 스승이 준 학위의 명예를 지키려고 지금도 끝없이 공부한다며, 학위는 완성의 의미가 아니라 계속 정진하라고 준 거라 말할 때 그는 학자였다가, 동네 산책길에 혼자 앉아 다른 행성에서 온 사람처럼 젬베 버스킹을 하는 그를 떠올리니 다시 어린 왕자였다.

당신이 상상하는 지구 행성이 아닐 거야. 당신이 생각하는 인생이 아닐 거야. 그래서 하루하루가 난해하면서도 설레고 감동적일 거야. 자신의 관념과 기준 속에 갇혀 있지만 않는다면, 당신이 상상한 것보다 더 좋은 것들을 발견하기 위해 눈을 크게 뜬다면.

류시화의 문장처럼 어린 왕자는 자신의 작은 행성에서 매일 바오밥 나무 새싹을 뽑아냈다. 방치하면 행성을 파괴할 수 있기 때문이다. 그도 매일 무언가를 뽑아내고 있었다. 편견이라는 바오밥 나무를, 고정관념이라는 독초를. 그래서 그의 행성엔 언제나 새로운 것들이 자랄 수 있는 여백이 있나 보다.

어린 왕자가 사막에서 만난 여우는 "길들인다는 것은 관계를 맺는다는 뜻"이라고 했다. 그도 그런 사람이다. 만나는 모든 것들과 관계를 맺는다. 중세 회화와, 그리스 신화와, 젬베 리듬과 심지어 소주에 섞을 음료와도 진지하게 관계를 맺는다.

프랑스 팡테옹 소르본대학에서 미술사학 박사 학위를 받은 그는 대학에서 퇴임 후 주거하고 있는 양평에서 미술사 강의를 들려주고 있다. 스무 명 남짓한 사람들에게 하는 강의임에도 온 정성으로 준비하고 하나라도 더 알려주려 정해진 강의 시간을 훌쩍 넘겨 수강생들의 원성(?)을 사기 일쑤다. 그의 가없는 열정에 우리는 매시간 난해해 하면서도 감동하고 존경하며 좋아한다.

어린 왕자는 어른들이 숫자에만 관심이 있다고 속상해했다. 하지만 그는 다르다. 르네상스 화가의 붓 터치에서 느끼는 감동을, 고딕 성당의 장미창이 만드는 빛의 신비를, 젬베가 내는 원시의 리듬을 더 소중히 여긴다.

류시화는 "삶은 발견하는 것"이라 했다. 그의 수업을 발견하고부터 양평은 내가 상상한 지구 행성이 아니다. 하루하루가 설레고 생생하게 살아있는, 어린 왕자가 사는 행성이다.

덕분에 바오밥 나무며 장미, 그리고 사막여우도 조금씩 관대해져 가고 있다. 어린 왕자가 말했듯 "마음으로 봐야 잘 보인다"는 것도 조금씩 알아가고 있다.

그래서 이제 나도 안다. 진짜 어른이 되는 것은 나이를 먹는 게 아니라 관대해지는 것이라는 걸. 편견의 바오밥 나무를 매일 뽑아내고, 모든 것과 관계를 맺으며 사는 것이라는 것을.

류시화
『내가 생각한 인생이 아니야』 서문에서 _ 수오서재

그렇다고 어찌 바람을 탓하랴

사람들과 이런저런 말을 많이 섞은 날은 마음이 어지럽다. 다른 이들의 말보다 내가 뱉은 말 때문에 더 힘이 든다. 내 안의 찌꺼기를 다른 사람들에게 던져버린 것 같은 못남 때문에 더 많은 쓰레기가 내 안에 그득 쌓여버린 느낌이다. 그래서 되도록 사람 속에 있기보단 자연 속에 있으려 애쓴다.

대지가 기운을 내뿜는 것을 바람이라 말한다. 이것이 일어나지 않으면 그뿐이지만, 일어나기만 하면 모든 구멍이 성난 듯 울부짖는다. (…) 온갖 물건을 불어서 모두 제각기 다른 자기 소리를 내게 하는데 모두가 그 스스로 작용을 하지만, 성난 듯 소리치는 것은 누가 그렇게 만드는 것이겠느냐?

장자의 제물론에 나오는 말이다. 나의 감성 세포는 세상을 향해 활짝 열려있어 바깥의 영향을 유독 섬세하게 받아들인다. 숲에 들어 나무 사이로 가만가만 불어오는 바람을 느낄 때는 산들바람이라 마냥 좋아하다가도 조금만 바람 세기가 거칠어지면 금세 옷깃을 여미고 도망친다. 사람 숲에서도 그러하다 보니 마음에 바람 잘 날이 없다. 그 소리는 때로 음악 소리 같다가도 때로는 거친 태풍이 되어 나무를 흔들고 숲을 흔들어 우당탕 부서지는 소리를 내기도 한다. 끊임없이 흔들리는 졸렬한 인간이여!

스승 남곽자기에게 제자 안성자유가 물었다. "땅의 피리 소리란 바로 여러 구멍에서 나는 것임을 알았습니다. 사람의 피리 소리란 피리에서 나는 것임을 알았습니다. 감히 하늘의 피리 소리에 관하여 여쭙고자 합니다."

"마음이 멎으면 세상도 따라서 고요하다. 그러므로 하늘의 피리 소리는 나로부터 연유한 것, 바람이 울리지 않으면 구멍은 본디 무심"이라고 맹난자는『하늘의 피리 소리』에서 풀이하고 있다. 소리는 분별을 일삼은 우리의 언설이고, 바람은 포착하기 힘든 우리의 마음이라고도 했다.

바람이 불지 않으면 구멍은 본디 무심이라 했지만, 구멍 없는 인간이 어디 있겠으며, 사연 없는 바람이 어디 있겠는가? 인생사가 다 숭숭 구멍투성이니 조금만 바람이 불어도 윙윙~ 삘릴리~ 소리가 난다. 민감한 감성의 나는 유독 그러해서 그 구멍을 메우려고 더 안간힘을 쓰며 살아가는지 모르겠다. 그렇다고 어찌 바람을 탓하랴!

오상아(吾喪我)를 외치며 매일 자신을 장사 지내고 매일 다시 태어나고자 했던 장자처럼 세속의 욕망과 이익에 끄달려 본래의 나를 잃어버린 자신을 매일 말끔히 버리고 매일 다시 태어날 수 있다면 얼마나 좋을까? 홀가분하게 비워내고 진정한 자유를 얻기 위해 오늘도 몸부림치고 또 몸부림치며 사는 게 인생 아닌가.

장자보다 1300년 앞서 산 상나라 탕왕은 세숫대야 바닥에 "일일신우일신(日日新又日新)'이라 써놓고 매일 들여다보며 날마다 자신을 새로이 하고자 했다 한다.

나의 책상머리 곳곳에도 마음을 다스릴 문구들을 써 붙여놓고 매일 구멍을 메워보려 애쓰고 있다. 끊임없이 흔들리는 나약한 인간의 의지는 동서고금이 다르지 않나 보다.

인간의 삶을 사는 한 사람 숲에서 자유로울 수는 없다. 다만 그사이에 숲 하나 두고 바라볼 수 있다면 아픈 게 좀 덜하지 않을까. 류시화도 그랬다. "너의 전 생애는 안으로 꽃 피려는 노력과 바깥으로 꽃 피려는 노력 두 가지일 것. 꽃샘바람에 흔들린다면 너는 꽃"이라고.

"타인은 지옥이지만, 우리 자신을 이해하는 데 분명한 역할을 한다"는 사르트르에 기대본다. 실존은 본질을 선행하기에. 지금 여기 살아있다는 것만으로 이미 우리는 성공한 삶이기에….

장자, 김학주 옮김
『장자』「제물론(齊物論)」중에서 _ 연암서가

초경 하는 딸 같은 삼월

삼월은 아프다. 여기저기서 살갗 터지는 아우성이 들린다. 목련은 제 살을 찢어 부풀어 오르는 통증을 견디는 중이고 수선화 구근은 안간힘을 다해 지구를 들어 올리고 있다.

삼월에는 멀미가 난다. 겨우내 땅속에서 웅크렸던 온갖 미물이 기지개를 켜느라 천지가 들썩거려 봄 멀미가 난다. 나무는 나무대로 풀잎은 풀잎대로 촉수를 벼려 제 생을 걸고 탈피를 도모한다. 그래서 삼월은 핏빛이다. 초경 하는 딸 같은 삼월. 어미가 될 자격을 갖추는 위대한 삼월.

어려서 유약했던 딸아이는 새 학기를 시작하는 삼월이면 늘 몸살을 앓았다. 새 친구들과 새로운 환경에 적응하는 것이 부대꼈나 보았다. 그러나 지나고 나면 한 뼘쯤 커진 모습이 되었다. 야물어지는 데는 대가가 따른다. '대추 한 알이 그저 붉어진' 일이 없듯이.

봄비가 소리 없이 나리는 삼월의 밤에는 진군의 나팔 소리가 밤새 들린다. 삼월은 초목을 낳고 꽃을 낳고 빛을 낳는다. 자연은 준비가 되지 않은 자신을 세상에 내놓지 않는다.

'모든 존재는 다 이유'가 있다. 산들바람이 꽃을 깨우고 그 향기로 벌 나비를 부르듯 삼월의 진통에도 다 이유가 있다. 그저 거기에 자신을 내맡기면 되는 것이다.

> 우리가 할 수 있는 일이란 건, 우리가 여기 존재하는 데는 다 이유가 있고 그것에 자신을 내맡겨야 한다는 사실을 깨닫는 것뿐이오.

파울로 코엘료는 그의 소설 『포르토벨로의 마녀』에서 이렇게 말했다. "모든 일에는 다 주어진 의미가 있다는 믿음을 가지고 두려움 없이 나아 갈 수 있는 거요. 정점에서 뻗어 나오는 빛이 우리를 인도하도록 말이오."

봄꽃은 승리의 노래다. 겨울을 이기고 '정점에서 뻗어 나오는 빛'이다. 아름다운 것들이 세상을 구원한다. 바다가 아름다운 건 파도가 있기 때문이다. 장벽을 만났을 때야 찬란하게 포말로 부서지는 파도가 풍경을 만들어낸다.

풍파 없는 인생에는 나이테가 없다. 고통이 짙을수록 무늬도 짙다. 상처 입은 조개가 진주를 만들듯 그 어떤 꽃도 제 살을 찢지 않고 피운 꽃은 없다. 대지는 지금 산통을 앓고 있다.

딸아이는 이제 제 새끼를 키우는 어미가 되어 아름답게 무르익고 있다. 삼월마다 몸살을 앓던 그 아이가 자신의 아이를 품에 안고 봄을 맞이한다.

딸이 성장하는 만큼 나는 사위어간다. 그러나 슬프지 않다. 늙는다는 것은 숙성되어간다는 의미이기도 하기에. 사위어가는 것들은 역사를 만든다. 모든 역사는 의미 있고 위대하다. 나의 사위어감이 딸의 성숙함으로 이어지고, 그것이 또 다른 생명으로 전해진다면 그보다 아름다운 순환이 어디 있을까.

겨울이 사위어야 봄이 온다. 낡은 것들이 썩어 거름이 되어야 새 생명이 돋아난다. 자연은 이 순리를 안다. 저항하지 않고 제때 물러나고 제때 피어난다.

나의 봄이 저물어가는 대신 딸의 봄이 무르익고 손녀의 봄이 시작되고 있다. 이것이 자연의 섭리이고, 생명의 아름다운 계주다.

툭, 동백이 지는 삼월, 나는 지금 지독한 봄 멀미를 앓는 중이다. 하지만 이 멀미는 달콤하다. 새로운 것들이 태어나는 소리, 생명이 꿈틀거리는 진동을 온몸으로 느끼고 있기에….

파울로 코엘료, 임두빈 옮김
소설 『포르토벨로의 마녀』 중에서 _ 문학동네

195

6부

이토록
단 울음

직면한다는 것은 해소하는 일

내 어린 시절 기억 중 가장 아프고 충격적인 게 있다. 이유도 모르고 오빠에게 맞았던 따귀 세 대. 잊었다고 생각했는데 가라앉았던 부유물이 떠오르듯 어느 날 고스란히 떠올라왔다. 수녀원에서 실시한 '내면 아이 직면하기' 심리치료 프로그램에 참여했을 때였다. 2박 3일간의 과정 중 처음에는 잘 몰입이 되지 않았다. 마지막 날 즈음 훈련에 의해 심연으로 들어가는 순간을 경험했다. 거기에서 느닷없이 따귀를 맞고 어두운 방 안에 무릎을 껴안고 울고 있는 내 모습이 보였던 것이다.

초등학교 2학년쯤으로 기억된다. 친구들과 소꿉놀이, 고무줄놀이를 하며 신나게 뛰어놀다 들어온 나를 오빠가 다짜고짜 마당 뒤꼍으로 끌고 가더니 연거푸 따귀를 때린 것이다. 막내인 나보다 열네 살이나 위인 큰오빠였으니 그 위력이 얼마나 컸을까. 위로 오빠가 셋, 언니가 둘이었어도 태어나 꿀밤 한 대 맞아본 적 없던 내게 그 충격은 울음도, 말도 잃고 방안에 처박히게 했다.

오빠의 행동에 분개한 엄마의 목소리가 밖에서 들려왔다. "잘못한 게 있으면 내가 가르칠 것인데 내 새끼를 니가 왜 때리느냐?"며 오빠를 야단치는 엄마의 성난 목소리를 듣고서야 터진 울음보…. 꺽꺽 울다 지쳐 새우처럼 웅크리고 잠든 내 어린 모습이 내면 아이 직면하기에서 생생하게 떠올라온 것이다.

> 빈방에 혼자 엎드려 훌쩍거리던
> 아주 먼 옛날
> 지금도 내 눈시울을 뜨겁게 하는
> 그 시절, 내 유년의 윗목

기형도의 시에서처럼 '내 유년의 윗목'이 상처받은 내면 아이로 잠재해 있었다는 걸 마주하고 나서 나 자신도 깜짝 놀랐다. 상처받은 어린 영혼은 잊힌 게 아니라 가라앉아 있었던 모양이다. 엄마의 토닥임으로 해소되었다고 생각했었는데 폭력의 상처는 지워지지 않은 흉터로 잠재되어 있었다. 그날의 상처는 살면서 나의 어떤 행동들에 알게 모르게 반영되었으리라 생각하니 문득 두려웠다.

열무 삼십 단을 이고
시장에 간 우리 엄마
안 오시네, 해는 시든 지 오래
나는 찬밥처럼 방에 담겨
아무리 천천히 숙제를 해도
엄마 안 오시네

그날 엄마가 오빠를 야단쳤는데도 잊히지 않은 상처가
되어 가라앉아 있었는데, 시인은 기다려도 오지 않는 엄마
때문에 얼마나 서러웠을까?

그 얼마 후 명절이 되어 친정에 갔다가 오빠에게 프로그
램에 참여했던 얘기며, 그때 직면한 내 모습을 담담하게 얘
기했다. 나는 오빠가 그때 왜 그랬는지가 진심으로 궁금해서
였다. 그런데 놀라운 것은 마치 사과할 기회를 얻지 못해 수
십 년을 서성인 사람처럼 오빠는 즉각 내게 사과했다. 오빠
도 그날의 일을 또렷하게 기억하고 있었다. 자신도 그날 왜
그랬는지 모르겠다면서 자신에게도 평생 죄책감과 상처로
남아 있었노라며 진심으로 사과했다.

신기하게도, 오빠의 사과를 받는 순간 나의 어린 상처가
말끔하게 치유되는 느낌이 들었다. 정말 연기처럼 사라진다

는 게 이런 것이구나 싶었다. 직면한다는 것은 해소하는 일이란 걸 이때 깨달았다. 또한 상처는 가해자에게도 흉터로 남는구나 싶었다. 상처로 남았던 내 유년의 윗목은 직면함으로써 따뜻한 아랫목으로 내려왔다. 진심으로 사과한 오빠의 상처도 그러했기를 바라본다.

지금 돌아보니 내 안에도 사과하지 못한 지질한 마음들이 쓰레기처럼 부유하고 있다. 잘못을 저지르는 일은 쉽지만 사과하는 일은 몹시 어려운 일이란 걸 알게 된다. 가을이다. 곧 사과가 붉을 것이다. 사과의 계절이 오고 있다. '천천히 숙제하듯' 맛이 잘 든 사과라도 전해 볼까? 그러면 '열무 삼십 단 이고 장에 간 우리 엄마' 오실까….

기형도 시집
『입속의 검은 잎』「엄마 걱정」 중에서_문학과지성사

시련이 키운 나의 문학

나의 가장 첫 번째 안티(anti)는 우리 딸이다. 엄마에 대해 시니컬하고 호의적이지 않을 때가 많다. 다른 사람들이 글 쓰는 엄마가 멋지다거나 작가의 딸이라 좋겠다고 하면 슬그머니 돌아서서 썩소를 날리는, 언제나 내게 자격지심이 들게 만드는 딸이다. 나는 마치 인정받고 싶은 아이처럼 안달 나고 섭섭하다. 나는 왜 딸에게 이렇게 쫄아있을까?

지금도 가끔 악몽을 꿀 때가 있다. 딸아이를 혼자 재워놓고 나왔는데 아무리 집에 돌아가려 해도 방법이 없어 울며불며 길에서 이리 뛰고 저리 뛰고 있는 꿈. 딸아이가 돌도 되기 전, 아들아이 유치원에 볼일이 있어 재워둔 채 이웃에 부탁하고 잠시 다녀왔다. 그런데 이웃집 아주머니가 깜빡 잊는 바람에 아이가 혼자 깨어 온 방 안을 기어 다니며 울다 지쳐 방구석에서 잠들어 있었던 일을 겪은 후부터 삼십 년이 훨씬 지난 지금도 꾸는 꿈이다.

그때를 기억할 리 없을 텐데도 딸은 엄마의 빈자리를 트라우마처럼 갖고 있는 것 같다. 일하는 엄마가 비운 자리, 그 자리를 네 살 위 오빠가 채워주던 남매의 필담 쪽지를 어느 날 짐 정리를 하다 발견하고 방바닥에 털썩 주저앉아 대성통곡한 적이 있다.

딸아이가 여덟 살 무렵 초겨울이었나 보다. 내가 출근하면서 식탁 위에 써놓은 쪽지였다. 천 원을 올려놓고 "은영아, 점심때 붕어빵 사 먹어라. 사랑해" 하고 써놓은 글 아래 "답장, 붕어빵 혼자 다 먹습니다. 그리고 미술학원 저는 꼭 다닐 거예요. 오빠는 남은 붕어빵 먹어. 이것도 먹어, 맛있을 거야." 하고 삐뚤빼뚤 써놓았다. 그 아래 아들아이가 또 답장을 써놓았다. "고마워! 참 맛있었어. 나 오늘도 6시쯤 오니까 4시 반에 13번 보고, 5시 40분 11번에서 '핑크팬더' 보고, 6시엔 '꽃천사 루루' 7번에서 하니까 보고 있어. 빨리 오도록 할게. 이것도 마저 먹어."

오빠가 학원에 가면서 혼자 있을 동생에게 촘촘히 TV 방송 시간표를 일러둔 쪽지. 남은 붕어빵도 동생에게 마저 먹으라고 한 의젓한 열두 살 아들. 그때는 아빠가 거덜 낸 형편 때문에 미술학원을 못 보내준 모양이다. 꼭 가고 싶다고 써놓은 걸 보니….

일하는 엄마들은 자식에게 죄책감을 느끼고 있다. 자신

이 얼마나 힘든가, 최선을 다하는가와는 별개로 엄마가 없는 빈집에 들어오게 하는 데 대한 미안함 때문이다. 밖에서의 성공이 마치 자식들에게 줘야 할 시간을 뺏은 결과인 것만 같아 아이들 앞에선 자신의 성취도 자랑스럽지 않다.

　　"글쎄, 고것이 엄마가 지한테 해준 게 뭐가 있느냐고 따지고 묻더라. 지금에 와서 그걸 얘기하면 난들 어떡하냐고…."
　　유난히 잘 익은 것만 골라놓은 것이 한눈에 봐도 좋아 보였다. (…) 막내누이에게 주려고 따로 챙겨놓은 것임을 그제야 알았다. 언제 올 줄 모르는 누이를 위해 지금까지 보관하고 있었다.

　　김철희 수필 「자두」에 나오는 대목이다. 잘 익은 것만 골라 막내딸을 주려고 챙겨놓은 엄마의 마음은 미안함이었을 것이다.
　　아빠가 남긴 부채 꼬리가 아직 남아 있을 때 딸아이가 결혼을 했다. 당연히 흡족하게 챙겨줄 여유가 못 되었다. 대부분 자기가 번 돈으로 결혼 준비를 했던 딸아이가 어느날 작정한 듯 말했다. "결혼할 때 해준 게 뭐냐?"고.

지금까지의 내 삶을 통째로 부정당하는 느낌이었다. 사력을 다해 혼자 감당해온 고단한 세월이 한순간에 무의미해지며 스르르 맥이 풀렸다. 내가 너희들을 어떻게 키웠는데? 라는 말이 가슴 저 밑바닥에서부터 꾸역꾸역 올라왔다. 억울하고 서럽고 지질했다.

"문학은 가진 것 없는 내가 기댈 수 있는 유일한 빛이자 궁핍에서 더 추락하지 않아도 되는 영적인 힘을 주던 삶의 열쇠 같은 것이었다."

김철희 작가는 가난 속에서 스스로 돈을 벌어 책을 사거나 운동화를 사면서 어머니의 짐을 덜어주려 했다고 썼다. 그 가난 속에서 막냇누이는 어머니의 아픈 손가락이 되었다고 했다. 작가의 어머니는 이 아들 덕분에 버틸 수 있지 않았을까.

내게 문학이 없었다면 버틸 수 있었을까? 지켜야 할 아이들이 없었다면 나를 지탱할 수 있었을까? 시련이 없었다면 내 삶이 성장했을까? 요만큼이나마 익을 수 있었을까? 세상에 무의미한 건 하나도 없구나 싶으니 딸아이의 냉소적인 시선도 내 삶의 죽비 같았다.

어쩌면 딸의 냉정함도 나로부터 물려받은 것일지 모른다. 살아남기 위해 단단해져야 했던 내 모습을, 딸은 엄마를 향해 돌려주고 있는 것은 아닐까. 하지만 가끔 부아가 치미는 건 어쩔 수가 없다. 그래, 너도 네 새끼 키워봐라. 이것아. 그래도 부디 나 같은 후회하는 어미는 되지 말아라.

미안하다! 사랑한다!

김철희 수필집
『흰눈과 돼지고기』「자두」 중에서_북랜드

그러니 단풍나무야 잘 자!

열이틀 여행에서 돌아와 밀린 일들을 쳐내느라 눈길 한 번 제대로 못 준 사이, 한껏 붉은 자태로 주인을 기다렸을 마당의 단풍나무가 간밤 비에 잎을 다 떨구고 말았다. 하룻밤 사이 잎들이 잔디 위에 떨어져 누워 있다. 마치 주인에게 시위라도 하는 듯이.

여름 내내 단풍나무를 외면했다. 절로 자라는 것에는 공을 들이지 않았다. 잔디 마당만 무시로 풀을 뽑고 깎으며 애지중지 가꿨다. 그 하는 양을 다 지켜보았을 단풍나무는 마지막으로 활활 불타올라 자신을 뽐낼 날을 얼마나 고대했을까.

나는 저 빚을 무엇으로 갚아야 하나….

사람들은 성과를 내는 것에만 관심을 기울인다. 보이는 것, 뽐낼 수 있는 것들에게만 애정을 쏟는다. 진짜 아름다운 것은 대개 외면당하는 곳에서 묵묵히 자라나고 있다. 누군가의 시선을 기다리지도 않고, 박수를 갈망하지도 않으면서 존재한다.

내가 정성 들인 것은 잔디였지만, 정작 계절을 아름답게 물들인 것은 단풍나무였다. 제멋대로 붉어진 잎들이었다. 나는 늘 엉뚱한 곳을 바라보고 있었구나.

작은 대소쿠리를 들고 나가 마당에 누운 단풍잎들 속에서 색깔이 고운 것들을 주워 담았다. 주말에 우리 재이가 오면 함께 단풍잎 화관을 만들어 머리에 쓰고 나는 여왕이 되고, 재이는 공주가 될 것이다. 공주와 단풍잎 던지기 놀이를 하면서 말해주겠다. 지난여름 네가 얼마나 푸르렀는지, 얼마나 멋지게 붉게 물들었다가 지금 이렇게 졌는지를. 아무도 알아주지 않았지만 너는 혼자서 계절을 견뎌냈다고 누구보다 치열하게 살았다고, 이제 쉬어도 된다고.

며칠만 나의 때 묻은 손톱을 간직하면 열 손가락 손톱 밑에서 푸릇푸릇 싹이 돋지 않을까. 내 손톱에 낀 것은 단연 때가 아니라 흙이므로.

매니큐어 대신 손끝에 푸른 싹이 난 열 손가락을 하늘 향해 높이 쳐들고 도심의 번화가를 활보하는 유쾌하고 엽기적인 늙은이를 상상해본다.

박완서 작가는 산문집 『못 가본 길이 더 아름답다』에서 이렇게 말했다. 손톱 밑에서도 새싹을 꿈꾸는데 단풍나무야, 겨울이 온다고 두려워 말아라. 너는 뿌리로 단단하게 살아있고 봄은 반드시 온다는 것을 믿어라. 죽음 같은 고요 속에서도 생명은 꿈틀거리고 있잖니. 나무를 쓰다듬다 문득 내 안의 단풍나무를 생각했다. 내가 외면하는 동안에도 묵묵히 자라온 것들을. 남들 눈에 띄지 않아도 제철에 제 빛깔로 물들어 온 것들을. 그것들이야말로 진짜 나의 풍경이구나 싶었다.

꽃은 피어야 아름답다고 생각하지만 꽃보다 더 아름다운 것은 꽃이 피기까지의 긴 침묵이다. 많은 가능성이 숨 쉬는 침묵. 어쩌면 세상의 모든 아름다움은 침묵에서 태어나는지도 모르겠다.

겨울 한복판에서도 꿈은 자란다. 얼어붙은 나무도 물을 품고, 그 가지 끝에서 새순이 움튼다. 기다림이란 보이지 않는 곳에서 일어나는 기적을 믿는 일이잖니. 우리 함께 내년 봄을 기다려 보자. 그러니 단풍나무야 잘자!

못 가본 아득한 그 길

20대이던 1980년대 중반, 박완서 선생님에게 소설을 배운 적이 있다. 명동 YWCA에서 강의하던 선생님은 창작법이나 이론보다 자신의 집필 경험을 들려주었다. 선생님의 나직나직한 목소리는 외할머니 무릎에 누워 듣는 옛날이야기처럼 편안하고 구수했다. 수업을 마치면 잠실 장미아파트에 사시던 선생님과 지하철을 같이 타고 성내역에서 내려 헤어지곤 했다.

그때 선생님은 서울대학교에 입학하자마자 전쟁으로 학업을 중단해야 했던 이야기를 담담하게 하셨다. 그런 선생님이 생의 마지막을 1년 앞두고 자신을 '스무 살에 성장을 멈춘 영혼'이라 쓰신 글을 보고 가슴이 먹먹했다. 그때는 숙명처럼 받아들이시는구나 생각했는데 인생을 정리할 시점에서 끝내 사무쳤나 보았다.

나는 누구인가? 잠 안 오는 밤, 문득 나를 남처럼 바라보며 물은 적이 있다. (…) 스무 살에 성장을 멈춘 푸른 영혼이, 80년 된 고옥에 들어앉아 조용히 붕괴의 날만 기다리는 형국이 된다. 다만 그 붕괴가 조용하고 완벽하기만을 빌 뿐이다.

선생님이 산문집 『못 가본 길이 더 아름답다』에 쓴 글이다. 그때 꿈꾸던 비단길이 현재 얻은 비단보다 못할 수도 있지만 못 가본 길은 가본 길보다 더 아름답다고 하셨다. 조용하고 완벽한 붕괴를 앞두고 선생님은 못 가본 그 길에서 무엇을 해 보고 싶으셨을까.

모든 삶에는 가지 않은 길이 있다. 로버트 프로스트의 시처럼 노란 숲에서 갈라진 두 길 중 하나를 택해야 하는 순간들이 있다. 우리는 늘 하나를 선택하고 다른 하나를 포기한다. 인생은 선택의 연속이고 또한 포기의 연속이지만, 언제나 포기한 길을 그리워한다.

선생님의 못 가본 길은 전쟁이 빼앗아간 20대였을까. 학문의 길, 사랑의 길이었을까. 하지만 그 모든 것이 한순간에 사라져버렸어도 그 상실을 원망만 하고 있지는 않았다. 오히려 그 길을 아름답다고 하셨다.

가지 않은 길은 언제나 완벽하다. 실패도 후회도 없는 길이기 때문이다. 상상 속에서만 존재하는 길은 현실의 무게를 견디지 않아도 된다. 그러나 진정한 아름다움은 거기에 있지 않다. 가지 않은 길을 그리워하면서도 자신이 선택한 길을 끝까지 걸어간 용기에 있다. 주어진 삶을 온전히 살아낸 의지에 있는 것이다.

선생님은 못 가본 길을 그리워하면서도 작가의 길을 끝까지 걸었다. 전쟁이 빼앗아간 것들을 글로 되찾았다. 상실을 받아들이되 굴복하지 않았다. 80년 된 고옥에 들어앉은 20살 영혼이라 하였지만, 그 영혼은 여전히 꿈꾸고 있었다. 조용하고 완벽한 붕괴를 기다리면서도 끝까지 아름다움을 놓지 않으셨다.

나에게도 못 가본 길들이 있다. 첫사랑처럼 아린 그 길들. 문득 선생님이 못 가본 그 길이 내 길만 같아 아득해진다. 못 가본 길이 주는 아름다움은 그리움이 아니라 가능성이다. 아직 늦지 않았다는 희망이다. 비록 같은 길은 아닐지라도 또 다른 길이 있다는 믿음이다. 한쪽이 닫히면 다른 한쪽이 열리는 삶의 이치는 언제나 희망을 준다.

오늘도 나는 여전히 갈래길에 서 있다. 하나를 선택하고 하나를 포기해야 한다. 그러나 더는 두렵지 않다. 포기한 길도 내 안에서 또 다른 길을 낼 것이란 걸 경험으로 알기 때문이다. 못 가본 길이 더 아름답듯이, 앞으로 가지 않을 수많은 길들 또한 아름다울 것이라 믿으며 오늘 걷는 이 길을 끝까지 걸어가려 한다. 선생님처럼….

박완서 산문집
『못 가본 길이 더 아름답다』 중에서_현대문학

그녀가 마지막으로 듣고 싶은 말

양반인 내가 언제 떡을 해 보았겠느냐, 이치가 그렇다!라며 모든 걸 투리(透理) 해서 하라셨다. 심지어 고추장 된장 담는 법까지 투리 해서 하라고 일러주시며 '홀아비 자식이라 뭘 못한다는 소리 듣게 하면 죽었던 송장도 벌떡 일어나 쫓아갈 것'이라고 날 선 협박으로 주부 훈련을 강하게 시켰다.

여섯 살에 어미를 여읜 아이에게 홀아버지가 남긴 유일한 가르침은 '투리로 하라'는 것이었다. 양반가의 선비였던 아버지는 떡 하나 해 본 적 없는 자신을 부끄러워하며, 딸만큼은 세상의 모든 이치를 꿰뚫고 살라고 했다.

투리로 산다는 것. 겉만 보지 말고 속의 이치를 살피며 살라는 가르침으로 자란 조한금의 생애 저변에 깔린 키워드는 오직 '부끄럽지 않은 딸'이었다. 응석 한 번 부려보지 못하고 자란 아이가 온몸으로 터득해야 했던 삶의 법칙이었다.

한 발 한 발 조심스레, 때로는 여전사처럼 살아온 그녀가 여든 살의 고개를 넘어 이제야 목놓아 부르는 노래 "아버지, 나 이만하면 잘 살았지요?" 그녀의 일생은 온몸으로 부른 사부곡이었다.

"운명을 사랑하라." 아모르 파티. 한금은 어쩌면 니체보다 먼저 그것을 알고 있었던 것 같다. 한금은 5·18 때 기자직에서 해직된 남편을 대신해 생활 전선에 뛰어들었다. 그로 인해 자신이 겪었던 뼈아픈 엄마의 부재를 자식들에게 안겨준 것이 명치 끝에 걸렸을까. 그녀는 늘 누군가를 돌본다. 이웃을 살피고, 친구를 살피고, 귀촌한 마을에 손을 보탤 일을 살핀다. 더욱이 동료처럼, 친구처럼 함께 늙어온 시인 남편이 치매를 앓자 손을 꼭 잡고 문인들의 모임에도 간다. 다행히 '착한 치매'라 말하며 환하게 웃는다.

그녀와 나는 나이를 뛰어넘은 문우 지정을 30년 넘게 이어오고 있다. 때로는 언니처럼, 때로는 엄마처럼 나의 속내를 읽어주고, 사는 일에서 만난 돌부리를 가볍게 뛰어넘는 혜안을 주기도 한다. 작고 야무진 저 몸 어디에 거인이 살고 있을까 싶을 만큼 감탄을 자아낼 때가 한두 번이 아니다. 아버지가 가르쳐주신 투리로 사는 법이 그녀 인생 전체를 관통하고 있는 느낌이다. 쇼펜하우어는 "돌봄은 의지의 표현"이라고 했지만, 한금의 돌봄에는 다른 무엇이 있다.

보랏빛은 이제 그녀의 색이 되었다. 완숙한 포도색이며 잘 익은 블루베리의 색이다. 돌봄의 색이면서 동시에 속죄의 색이기도 하다. 나이 든 여인들이 보라색에 끌리는 이유가 무엇일까. 나이가 들면 지난날의 부족함이 잘한 것보다 더 도드라지기 때문이 아닐까. 한금은 하느님 앞에 서기 위해 본능적으로 보라색에 끌린 것은 아닐까. 회개와 반성의 시간이 아닐까. 하느님이 부르시면 언제든 "네!" 하고 달려가겠다는 그녀에게 보라색은 어쩌면 사순절에 입는 신부님의 제의와도 같은 의미이리라.

한금의 생은 공양미 삼백 석에 팔려 간 심청이와 다르지 않았다. 청이는 아버지의 눈을 뜨게 하려고 생명을 던졌고, 한금은 아버지에게 떳떳한 딸이 되려고 일생을 던졌다. 그녀가 섬기는 아버지는 한 분이 아니다. 땅의 아버지와 하늘의 아버지. 두 분 아버지가 보시기에 부끄럽지 않은 삶을 위해 온 힘을 다해 살았다. 그랬기에 그녀가 마지막으로 듣고 싶은 말은 이 한마디가 아닐까.

"애썼다 참말 애썼다. 한금아 내 새끼야!"

조한금 수필집
『보랏빛 함성』「그때가 열두 살」 중에서_문경출판사

아가씨 좀 진정해봐요. 진술서를 써야 하는데 계속 울면 쓸 수가 없어. 도대체 무슨 일이 있었기에 그렇게 우는 거야? 내가 잘 써줄게. '정상 참작'이란 게 있거든.

음주단속에 걸린 젊은 여자의 눈물을 닦아주며 경찰관이 건넨 말이다. 아가씨 좀 진정해보라고, 내가 잘 써줄게, 라고 하는 그 목소리에는 법 너머의 온기가 있었다.

그날 이수진은 쓰레기 같은 남자친구 때문에 술을 마셨고, 홧김에 운전대를 잡았고, 결국 단속에 걸렸다. 범법자가 된 것이다. 하지만 그 경찰관은 그녀의 사정을 들어주었고, 심지어 "저기 뒤 책상에 김 경위라고 있는데, 저 친구 참 괜찮은데, 내가 소개해 줄까요?"라며 농담까지 던져주었다. 울다가 웃으면 안 되는데, 참지 못하고 터져 나오는 웃음에 속이 다 후련했다고 했다.

정상 참작. 이 네 글자만큼 따뜻한 말이 또 있을까. 법률

217

용어지만 그 안에는 인간에 대한 깊은 이해가 담겨 있다. 사람은 완벽하지 않고, 때로는 실수하고, 때로는 무너진다는 것을 인정하는 말이다.

물은 찻잔에 담기면 찻잔이 되고, 대접에 담기면 대접이 된다. 사람도 그렇다. 차가운 심판 앞에서는 범죄자가 되지만, 따뜻한 이해 앞에서는 상처받은 사람이 된다. 그날 밤 이수진을 대한 경찰관의 태도가 그랬다. 법을 어긴 범법자로 보지 않고 상처받은 한 사람으로 본 것이다. 그래서 그녀는 울다가 웃을 수 있었다.

이수진은 그 일로 면허 정지 3개월과 20시간의 교육, 벌금 50만 원을 부과받았다. 하지만 음주단속에 걸린 것이 불행이 아니라 다행이었다고 썼다. 자칫 있을 수도 있었던 큰 사고를 막았고, 쓰레기 같던 관계도 정리할 수 있었다고.

때로는 벌을 받는 것이 구원이 되기도 한다. 멈춤이 새로운 시작이 되기도 한다. 실수가 깨달음을 주기도 하니 인생의 아이러니다.

"너의 삶은 어땠니?"

어느 날 다정한 목소리가 이렇게 물어온다면 그냥 털어놓는 것이 좋을 수도 있겠다. 그건 정상 참작하겠다는 의지가 담겨 있는 물음이다. 우리는 모두 정상 참작이 필요한 존재들이다. 완벽하지 않고, 실수투성이고, 때로는 길을 잃는다. 하지만 그것이 바로 인간이다. 쇼펜하우어는 인간을 "의지의 노예"라고 했다. 우리는 욕망에 이끌려 살고, 그 욕망 때문에 고통받는다. 하지만 그 고통조차 우리를 인간답게 만드는 것이 아닐까.

내가 글을 지도한 이수진의 글맛은 쌉싸름한데 달짝하고, 화끈하고 쫄깃하다. 그 생기발랄함에 내가 반했다. 제 새끼가 이쁜 건 세상 불변의 이치 아닌가. 정상 참작해 주시기를 바란다.

정상 참작. 이 말속에는 세상의 온기가 담겨 있다. 우리가 서로에게 줄 수 있는 가장 큰 선물이 아닐까. 오늘도 누군가는 실수하고, 누군가는 넘어진다. 그때 우리가 해줄 수 있는 말이 있다. "정상 참작이란 게 있거든." 그 말 한마디가 누군가의 눈물을 웃음으로 바꿀 수 있다.

어쩌면 우리 모두는 서로의 경찰관이 되어야 하는 것은 아닐까. 법정에서가 아니라 일상에서, 냉정한 판단보다는 따뜻한 시선으로 바라보는 경찰관 말이다. 우리는 모두 정상

참작이 필요한 사람들이고, 누군가에게 정상 참작을 해줄 수
있는 사람들이기도 하다.

그것이 사는 일이고, 사랑하는 일이다.

이수진, 수풍동인 공저
『쓰다 달다』「정상 참작」중에서 _ 해드림출판사

하느님이 네 이마를 짚어주시려고 오지

"밤은 왜 오는 거예요?"

"네 머리맡에 앉아서 요 작은 코에 뽀뽀해 주라고 오는 거지."

대체 밤은 언제 잠이 들까. 언제 잠들었다가 환한 아침을 어김없이 데려오는 걸까. 잠들지 않으면 아침을 데려오지 못할지도 모른다. 잠들지 않으면 별을 보여주지 못할지도 모른다. 달님이 날마다 조금씩 사위었다가 다시 몸을 불리는 것도 알 수 없을지도 모른다.

내가 잠들지 못하면 너도 잠들지 못한다. 내가 뒤척이면 너도 뒤척인다. 그런 날이면 너는 창백한 내 이마에 뽀뽀를 한다. "잠들지 않으면 꿈꿀 수 없어, 잠들지 않으면 깨어날 수 없어!" 하고 토닥이면서.

밤이란 단순히 해가 지고 어둠이 오는 것만은 아니다. 밤은 하루의 끝이면서 동시에 새로운 시작이다. 죽음 같으면서 동시에 부활이다. 삶과 죽음은 밤과 낮과 같다. 하나가 끝나면 다른 하나가 시작된다. 밤이 없으면 낮의 소중함을 알 수 없고, 어둠이 없으면 빛의 의미도 깨달을 수 없다.

우리 인생에도 밤이 온다. 슬픔의 밤, 절망의 밤, 외로움의 밤…. 그런 밤이 오면 정말 하느님이 이마를 짚어주실까? 남루한 내 하루에 담요를 덮어주실까? 그래서 밤도 잠이 드는 것일까?

"심연을 오래 들여다보면 심연도 너를 들여다본다"고 니체는 말했다. 어둠 속에서 우리는 비로소 우리 자신과 마주한다. 밤이 되어야 들리는 소리들이 있고, 어둠이 되어야 보이는 것들이 있다.

어릴 때는 밤이 무서웠다. 어둠 속에 무엇이 숨어 있을 것만 같아 혼자 화장실에도 못 갔다. 밤에 오빠들과 사랑채에서 놀다 안방으로 건너가려면 가로질러야 하는 마당이 스무 걸음도 채 안 되는데도 내겐 십 리나 되는 것 같이 멀어 아버지를 불렀다. 아버지가 안방에서 문을 열고 내다보는 사이 쏜살같이 달려갔다. 하지만 이제는 안다. 밤은 우리를 품어주는 자궁 같은 곳이라는 것을.

산타할아버지도 밤이 되어야 올 수 있고, 꿈꾸는 일은 대개 밤에 일어난다. 밤은 기적의 시간이다.

"도톰하고 보드라운 담요가 세상을 덮으면 밤이 찾아온 단다."

그것은 하느님의 손길이다. 지친 세상을 쉬게 하려는 가없는 사랑, 상처받은 영혼을 치유하려는 은총이다.

그런 밤은 언제 잠이 들까. 내가 밤을 받아들일 때, 어둠을 드려워하지 않을 때, 고요함 속에서 자신의 심장 소리를 들을 때가 아닐까. 밤은 끝이 아니라 시작이다. 잠시 쉼이다. 희망을 위한 준비다. 밤에서 낮이 태어나듯, 나도 날마다 밤에 다시 태어난다.

메리 크리스마스! 하느님은 네 이마를 짚어주시기 위해 오늘 밤에 오실 거야!

ㅣ 라우라 위트네르, 문주선 옮김
『밤은 언제 잠이 들지』_ 피카그림책

텍스트에서 극으로 살아난 수필극 <낮술>

지난 주말 나의 수필 작품을 극화한 수필극 <낮술>이 초연됐다. 근사한 무대나 잘 훈련된 배우들이 연기한 무대가 아니라 문학인 여름 축제 이벤트의 일환이었다. 100여 명의 문인이 문학이라는 주제로 모여 벌인 축제 한마당은 악기연주, 춤, 노래, 낭송 등 저마다의 달란트를 선보이며 흥을 더했다. 마지막 순서에 배치된 수필극 <낮술>. 사실 현장에 가기까지 원작자인 나와, 각색 극본을 맡은 이경은 작가는 연극 공연이 있다는 사실조차 몰랐다. 주최 측이 우리에게 깜짝 서프라이즈를 한 것이다.

무대가 시작되었는데도 배우들이 연기를 안 하고 멀뚱히 서 있어 의아해하고 있는데 "새소리가 나와야 시작하지…." 하는 배우의 혼잣말에 한바탕 웃음부터 터트리고 연극은 시작됐다. 배경 음향으로 새소리가 나오기로 돼 있었나 보았다.

동료 작가들로 구성된 초보 배우들의 어설픈 연기와 대사, 고르지 못한 음향 상태의 엉성한 무대였지만, 배우들의 진지한 표정과 열정 어린 연기는 어떤 프로 무대보다 몰입도가 떨어지지 않았다. 중간중간 실수가 나올 때마다 터지는 폭소는 추임새였고, 대사를 까먹어 옆에서 읽어주는 스태프는 든든한 지원군이었다. 관객과 무대가 하나가 된다는 게 이런 것일까? 관객들은 웃느라 눈물을 빼면서도 진심 어린 응원의 박수를 보냈다.

어린 시절 가족사가 담긴 수필 <낮술>이 고향 영천에서 초연되었다는 건 내게 의미가 컸다. 의도하거나 기대하지 않았던 일이 자연스레 인연을 따라 흘러 고향에 닿았다는 건, 본향을 향해 흐르는 내 정서의 발로이자 순리, 그 아니겠는가!

오페라 <마탄의 사수>로 독일인에게 오페라의 자긍심을 심어준 카를 마리아 폰 베버가 연주 여행 중 영국에서 숨을 거둬 그곳에 묻히자 독일인들은 자기 나라 음악 영웅이 남의 나라에 묻혀있는 것을 안타까워했다. 리하르트 바그너는 1844년 베버가 근무했던 드레스덴 오페라하우스의 지휘자로 부임하고 첫 임무로 베버의 유해를 독일로 모셔오는 일부터 했다.

"런던에서 온 유해가 독일에 도착했을 때, 바그너는 직접 함부르크까지 마중을 나갔다. 그리고 유해를 실은 배가 엘베

225

강을 따라서 드레스덴으로 향하는 동안, 바그너는 갑판에 서서 내내 유해를 지켰다. 선상에서는 바그너가 작곡한 <오이리안테 주제에 의한 장송 행진곡>이 연주되었다. 그리고 베버의 장례식에서 바그너가 낭독한 연설문은 지금도 독일 예술 사상 최고의 명문장으로 손꼽히고 있다"고 『불멸의 오페라 2』 <마탄의 사수> 편에서 저자 박종호는 기술했다.

베버여, 여기에 누우소서. 이곳은 화려한 장소는 아닙니다. 그대의 귀한 몸을 누이기에 너무나 누추한 곳입니다. 지금까지 그대는 위대한 나라의 훌륭한 교회에 누워 계셨습니다. 그러나 지금 이곳은 누추하지만 그대의 조국 독일의 땅입니다. 영국인들은 그대를 존경했고, 프랑스인들은 그대에게 매혹되었으나, 우리 독일인들은 오직 그대를 사랑하고 있습니다

<마탄의 사수>는 이탈리아나 프랑스풍 오페라 일색이던 독일 오페라하우스에 진정한 독일 오페라가 등장했다는 데에 흥분했다. 드레스덴에서 베버는 오직 독일 오페라의 부흥을 위해 동료 음악가들과 함께 헌신했고, 그때부터 드레스덴은 독일 오페라의 자존심이자 상징적 메카가 되었다고 저

자는 기술하고 있다.

이제 막 가설무대에서 입봉한 수필극을 놓고 독일의 자랑인 베버의 <마탄의 사수>를 이야기하는 것은 가당찮은 이야기일지 모른다. 하지만 무언가를 시작한다는 것은 크고 작고의 문제가 아니다. 시도했다는 데 의미가 크다. 요즘 수필이 극으로 무대에 올려지는 일이 늘어나고 있다. '수필'이 텍스트에서 '극'으로 살아나 시청각화한다는 것은 현대문학의 다양한 시도라는 점에서 또 다른 장르의 모색이라고 본다. 우리는 그 출발점에서 따로, 또 같이, 즐겁게 놀아보려 한다. 누가 아는가? 우리의 미약한 시작이 창대한 문학의 또 다른 역사가 될지….

박종호
『불멸의 오페라 2』<마탄의 사수> 중에서 _ 시공사

지향하는 한 방황하는 인간

하느님도 장난기가 있으시다. 인간에게 악마를 동무로 붙이는 내기를 하셨다. 악마 메피스토펠레스가 "인간은 어떤 거름더미에든 코를 처박는 다리 긴 여치 같다"고 하자 주님은 "네 눈에는 땅 위에 제대로 된 건 영원히 없단 말이냐?"며 "너 파우스트를 아느냐?"라고 물으셨다.

메피스토펠레스는 "그 바보는 마시는 것도 먹는 것도 지상의 것이 아니며, 하늘로부터는 가장 아름다운 별들을, 땅으로부터는 온갖 최고의 쾌락을 바라고, 어떤 가까운 곳도 어떤 먼 곳도 깊이 뒤흔들린 가슴을 만족시키지 못한다"고 했다. 하지만 주님은 "그가 지금은 혼란스럽게 나를 섬길 뿐이더라도 머지않아 내가 그를 분명함으로 이끌어 가겠노라"며 "정원사는 아느니라, 어린나무가 푸르러지면, 그것이 꽃 피우고 열매 맺어 장래의 나날을 치장할 것"이라고 했다. 그때 바짝 약이 오른 메피스토펠레스가 주님께 내기를 요청한다. "내기하실래요? 허락해 주시면 그를 제 길로 살짝 인도

하면요?"

그때 주님이 말씀하신다. "인간은, 지향이 있는 한 방황한다."

지향이 있기 때문에 방황하는 것이다. 완전한 것을 꿈꾸기 때문에 불완전한 현실에 만족하지 못한다. 무한을 갈망하기 때문에 유한한 모든 것이 허전하다. 파우스트가 바로 그런 인간이었다. 학문도, 쾌락도, 사랑도, 권력도 그의 갈증을 채워주지 못했다.

노자는 "족함을 아는 자는 부족하지 않다"고 했지만 인간은 족함을 모르는 존재다. 족함을 모르기 때문에 또한 인간인 것이다.

주님은 그것을 아셨다. 인간의 방황은 약점이 아니라 강점임을, 불만족이 저주가 아니라 축복임을, 그래서 악마와의 내기도 두려워하지 않으셨다. "어두운 충동에 사로잡힌 선한 인간은 바른길을 잘 의식하고 있다"는 주님의 믿음은 확고했다. 악마조차 "늘 악을 원하면서도 늘 선을 이루고 마는 힘의 일부"라고 믿으셨다. "그래서 내가 즐겨 그에게 동무를 붙여주지. 자극하며 작용하고, 악마로서, 이루어주고 마는 동무 말이다."라고 하셨다.

우리의 방황도, 우리의 실수도 모두 의미가 있다. 지향이 있는 한 우리는 방황할 수밖에 없고, 그 방황을 통해 성장한다. 문제는 지향을 잃는 것일 뿐. 꿈을 포기하고 더 이상 갈망하지 않을 때 인간은 길을 잃는다.

주님이 "인간의 활동은 너무도 쉽게 느슨해진다"고 말씀하신 이유다. 그래서 때때로 악마라는 동무를 붙여주시는 것이라 생각하니 등골이 서늘해진다.

나는 언제나 방황하고 있다. 여전히 갈망이 있다. 만족하지 못하여서가 아니라 새로운 활기를 가지고 싶어서다. 그것이 때로는 고통스럽지만 나의 방황은 아직 살아있다는 증거다.

주님은 그런 나를 사랑으로 바라보고 계신다. '용서'라는 마지막 히든카드를 들고 언제나 내 곁에 서 계신다.

요한 볼프강 폰 괴테, 전영애 옮김
『파우스트』「천상의 서곡」중에서 _ 도서출판 길

몽클라르, 당신을 잊지 않겠습니다

사랑하는 아들아. 언젠가 너는 내가(한국으로) 떠나야
했던 이유를 물을 것이다. (중략) 너와 같은 어린 한국의
아이들이 길에서, 물속에서, 진흙 속에서, 눈 속에서 헤매
지 않도록 하기 위해 아버지는 여기 왔단다.

생후 11개월짜리 아들에게 크리스마스를 앞두고 보낸 아
빠 랄프 몽클라르 장군의 편지다. 그는 당시 한국전쟁에 파
병 중이었다.

양평군 지평리에 있는 '지평리전투기념관'에서 만난 프
랑스군 대대장 중령 몽클라르. 그런데 어찌하여 사람들은
그를 '장군'이라 부를까? 1·2차 세계대전에 참전했던 역전
의 노장이자 프랑스의 전쟁영웅 몽클라르 장군은 한국에서
6·25 전쟁이 발발했을 당시 이미 전역한 상태였다. 그러나
프랑스가 UN군으로 참전 파병을 고민하자 자원입대했다.
대대급 부대 지휘관은 중령만이 담당할 수 있는데, 그는 이

231

미 별 세 개 장군이었다.

"계급은 중요하지 않다. 곧 태어날 자식에게 유엔군의 일원으로 평화를 위해 참전했다는 긍지를 물려주고 싶다"며 그는 스스로 중장에서 네 단계 계급을 강등한 중령을 달고 한국전쟁에 파병된다.

중공군의 개입으로 서울을 빼앗기고 밀려온 지평리는 전략적 군사 요충지로 여기서 무너지면 한강 이남이 순식간에 점령당할 중차대한 위치였기에 지평리는 최후의 방어선이었다.

우수한 전투력을 가진 엘리트 군인들로 구성된 프랑스 부대는 지평리에 진지를 구축하고 있던 미 제2사단 23연대에 편성된다. 백전노장 몽클라르의 활약은 중공군의 인해전술에 파죽지세로 밀리던 전쟁의 양상을 역전시킨다. 이 승리로 사기가 충전한 유엔군과 한국군은 완전히 전세를 뒤집어 빼앗겼던 서울을 재탈환한다.

이는 한국전쟁에서 유엔군의 첫 승리이자 두 번의 역전 전투로 기록하고 있는데, 지평리 전투와 인천상륙작전이다. 또한 세계 현대전 10대 전투에 꼽히며, 전 세계 주요 사관학교의 전쟁사 교재에 용맹함의 표본으로 실려있는 1951년 2월의 '지평 지역 전투'다.

이때 몽클라르가 유엔군 사령부로 전투를 지휘하며 사용했던 곳이 '지평양조장'이다. '지평막걸리'로 유명한 이곳은 우리나라에서 가장 오래된 양조장의 하나로 '대한민국 근대문화유산 등록문화재' 제594호로 지정돼 장군을 기리고 있다.

하얗게 눈 덮인 이 땅의 산하에서 진지를 구축하고 적과 대치 중인 유엔군의 사진은 보는데 가슴에서 울컥 무언가가 치받쳐 올라왔다. 저들에게도 사랑하는 가족이 있을텐데, 열악한 혹한의 이국땅에서 목숨을 건 전쟁에 참전하고 있는 저들은 누구인가. 지키려는 자, 빼앗으려는 자, 그들이 지키려는 자유의 가치는 무엇이란 말인가….

몽클라르 장군 파병 당시 생후 5개월이었던 아들 롤랑 몽클라르는 지평리 전투 70주년을 맞아 찾아간 조선일보 인터뷰에서 "한국 사람들이 저를 만나면 '당신이 몽클라르 장군 아들이냐'며 제 손을 꼭 잡아주죠. 그러면 가슴 속에서 뜨거운 감정이 느껴진다"며 "70년이 지났지만 아버지를 기억해준 한국에 감사한다"고 말했다.

그의 '감사'라는 말에 왠지 부끄러졌다. 6·25 한국전쟁, 그대 산화한 수많은 영령, 지금 우리가 누리는 이 모든 것의 밑거름이 되어주신 그분들의 숭고한 희생을 우리는 얼마나 기억하고 있는가? 잊지 않는 것만으로도 '감사'라는 걸 지평리 전투 기념관에서 배우며 가만히 되뇌어 본다. 몽클라르, 당신을 잊지 않겠습니다!

《조선일보》 2021년 6월 25일 자
지평리 전투 70주년 '롤랑 몽클라르' 인터뷰

문장이 삶과 만날 때 단물이 배더라

『아라비안나이트』, 『천일야화』의 셰에라자드 같은 기분
이 들었다. 그녀는 1,001일을 이야기로 채웠는데 나는 겨우
60회를 쓰고 『천일야화』를 입에 올리는 건 지나친 엄살일
까?

나는 삶을 문학으로 채워보려는 꿈이 있다. 내 삶은 위대
하지도, 반짝거리지도 않는다. 본보기가 되거나 아름답지도
않다. 그러나 한 사람이 최선을 다해 살아온 여정은 얼마나
가치로운가.

1년 3개월 동안 매주 토요일 '나를 사로잡은 문장'을 연
재하며 나는 진심으로 행복했다. 성장하고 있다고도 느꼈다.
내 삶을 쓰고 있었는데 어느 순간 당신의 이야기를 쓰고, 인
생을 쓰고, 나의 희망을 담아내고 있었다.

아직 떫은 기가 빠지지 않은 내 삶에 단물이 배는 순간이
있다면 그것은 좋은 글감을 만났을 때다. 가슴으로 스미는
문장과 조우했을 때다. 생의 단맛도 잘 익은 와인처럼 떫은

맛과 적당히 어우러졌을 때야 바디감이 묵직한 진짜 맛이 났다. 문장이 삶과 만난 순간이었다.

60편의 연재를 쓰면서 한 권씩 책상에 쌓인 책이 100여 권이 넘었다. 주문한 책이 매일이다시피 대문 앞에 당도하기도 하고 서재 책장에서 빼내기도 했다. 유명 작가의 이름에 기대지 않고 오직 내 마음에 말을 걸어오는 문장을 끌어안고 뒹굴었다. 뜨거웠다. 그렇게 낳은 한 편 한 편은 잘나기도, 혹은 못나기도 했지만, 모두가 나의 자식들이 되었다.

하지만 책만으로는 사랑이 성사되지 않았다. 읽고 쓰는 일이 전업인 작가여도 15개월을 매주 마감 기일에 맞춰 쓰는 일은 녹록지 않은 작업이었다. 40여 회까지는 알맞게 숨이 차는 느낌이 좋았다. 그러나 다른 문예지의 연재와 사이사이 받은 청탁 원고들 마감이 한꺼번에 몰릴 때는 숨이 턱에 찼다. 그럴 때마다 치열하게 고독한 나와 마주 서려 했고, 고독 속에서 깊어지고 맑아지는 생각과 만나려 안간힘을 썼다.

셰에라자드는 자신의 이야기가 끊어지면 잔혹한 황제에 게서 자신의 목숨도, 도시의 슬픔도 구하지 못하는 절체절명의 상황에 있었다. 하지만 그토록 많은 이야기를 퍼 올릴 수 있었던 건 독서라는 기반이 있었기 때문에 가능했다. 또한 이야기를 들어주는 여동생 디나르자드가 있었기에 가능했고, 지켜내야 할 그 무엇이 있었기에 가능했다.

　내게 가장 힘이 되어주었던 건 기댈 수 있는 문장과, 디나르자드 같은 독자들이었다. 내 글을 읽는 재미로 토요일을 기다린다거나, 포스팅 시간이 늦어지면 왜 글이 안 올라오느냐고 애정 어린 성화를 부리는 독자, 사방팔방으로 글을 퍼나른다는 독자, 같이 울고 웃는다는 독자, 매번 깨알같이 리뷰를 보내오는 독자, 일부러 달려와 덥석 손을 잡아주는 문우…. 내 이야기에 귀 기울여준 많은 이들의 응원이 내 열정을 지펴주었다.

　연재는 항상 생각의 스위치를 켜고 있어야 했기에, 내 주위의 모든 것이 글감이 되고 상황이 말을 걸어왔다. 하여 무엇보다 내 글에 뮤즈가 되기도, 제물이 되기도 한 주변의 인연들과 가족들에게 고맙고 또 미안한 마음이다.

　『천일야화』를 이어간 셰에라자드는 얼마나 힘이 들었을까? 겨우 예순 번의 이야기를 풀어내고 고갈이 된 나는 지금 낯선 곳에 와있다. 텅 비어버린 곳간을 채우기 위해 흘러와 멍떠리기 여러 날째, 이제야 겨우 몇 줄의 문장을 맺는다.

　크로아티아 보디체, 아드리아 해변 숙소 테라스에서 먹빛 바다를 눈으로 더듬는다. 어디선가 성당의 저녁 종소리가 울려 퍼진다. 은은하게 불빛이 흘러나오는 주택가, 일과를 끝낸 차들이 정박한 한적한 마을 길 구석구석으로 종소리가 채워진다. 막 가을이 시작된 이곳의 바람은 차지도 뜨겁지도 않은 오래된 연인의 손길 같다.

나는 다시 쓰게 될 것이다. 아니 살아있는 내 삶을 뜨겁게 은유하기 위해 오늘을 살 것이다. 살며 사랑할 것이다. 한 인간이 걸어가는 오롯한 족적은, 토룡의 그것이라 해도 가치롭다. 실존, 지금 여기 살아있음은 그 어떤 본질보다 위대한 것임을 다시 깨닫는다. 내가 지켜야 할 것은 무엇일까? 커다란 화두 하나 가슴에서 덜컹거린다.

고즈넉한 해변 마을 저녁 종소리가 하루를 마친 사람들의 등을 어루만져 주고 있다. 지친 이방인 여인의 어깨도 가만가만 토닥인다. 마을이 종소리를 품는다.

이명지 李明枝

경북 영천에서 태어나 동국대학교 문예대학원 문창과(문학석사)를 졸업했다. 1993년 《창작수필》로 등단하여 다년간 《국민일보》 '여의도 에세이', 《디지털조선일보》 '힐링 에세이', 《데일리한국》 '나를 사로잡은 문장'을 연재하며 독자층을 넓혀왔다. 신문기자를 시작으로 발행인, 방송진행자를 거친 언론 생활 20년, 대학 강단에서 10년을 끝으로 40년 서울 생활을 접고 양평 '수풍재'에서 읽고 쓰는 일, 더러 가르치는 일을 하고 있다.
한국산문문학상(2024), 조연현문학상(2023), 동국문학상(2019), 창작수필문학상(2002)을 수상했다.
저서로 수필집 『중년으로 살아내기』, 『헤이, 하고 네가 나를 부를 때』, 『육십, 뜨거워도 괜찮아』, 그림 수필집 『낮술』, 논문집 『전혜린 수필 연구』가 있다.

그리고 나를 읽었다

2025년 10월 25일 초판 1쇄 인쇄
2025년 10월 30일 초판 1쇄 발행

지은이 | 이명지
펴낸이 | 권오상
펴낸곳 | 연암서가

등록 | 2007년 10월 8일(제396-2007-00107호)
주소 | 경기도 고양시 일산서구 호수로 896, 402-1101
전화 | 031-907-3010
팩스 | 031-912-3012
이메일 | yeonamseoga@naver.com

ISBN 979-11-6087-149-4 03810
값 17,000원